BRASIL EM JOGO

BRASIL EM JOGO
o que fica da Copa e das Olimpíadas?

Andrew Jennings • Antonio Lassance • Carlos Vainer • Ermínia Maricato • João Sette Whitaker Ferreira • José Sergio Leite Lopes • Jorge Luiz Souto Maior • MTST • Luis Fernandes • Nelma Gusmão de Oliveira • Raquel Rolnik

Copyright desta edição © Boitempo Editorial, 2014

Equipe de realização
Antonio Kehl, Artur Renzo, Bibiana Leme, Fernanda Fantinel,
Isabella Marcatti, Ivana Jinkings, Joaquim Ernesto Palhares, Kim Doria,
Ronaldo Alves, Thaisa Burani, Yumi Kajiki.

Equipe de apoio
Elaine Ramos, Eric Buasquevicz, Gleicinanda Coelho, Johnson Haruo Tazoe,
Marlene Baptista, Renato Soares Ferreira.

CIP-BRASIL. CATALOGAÇÃO NA PUBLICAÇÃO
SINDICATO NACIONAL DOS EDITORES DE LIVROS, RJ

A52b

Jennings, Andrew
    Brasil em jogo: o que fica da Copa e das Olimpíadas? / Andrew Jen-
nings, Raquel Rolnik ; Antonio Lassance ... [et al.]. - 1. ed. - São Paulo :
Boitempo : Carta Maior, 2014.
    il. (Tinta Vermelha)

    Cronologia
    ISBN 978-85-7559-384-4

    1. Olimpíadas - Planejamento - Aspectos sociais - Rio de Janeiro (RJ).
2. Copa do Mundo (Futebol) - Planejamento - Aspectos sociais - Rio de
Janeiro (RJ). 3. Eventos esportivos - Planejamento - Aspectos sociais - Rio
de Janeiro (RJ). 4. Planejamento urbano - Aspectos sociais - Rio de Janeiro
(RJ). 5. Instalações esportivas. I. Título. II. Série.

14-12212

CDD: 307.768153
CDU: 316.334.56(815.3)

Este livro atende às normas do acordo ortográfico em vigor desde janeiro de 2009.

Crédito das imagens: Apu Gomes (p. 2), Portal da Copa (p. 16b [Brasília], 32a
[Brasília], 39 [São Paulo], 40 [Rio de Janeiro], 77 [Brasília], 78b [Rio de Janeiro],
87 [Brasília], 88 [Belo Horizonte] e 96 [Fortaleza]), e MídiaNINJA (p. 16a; 32b,
78a e 84).

1ª edição: junho de 2014

BOITEMPO EDITORIAL
Jinkings Editores Associados Ltda.
Rua Pereira Leite, 373
05442-000 São Paulo SP
Tel./fax: (11) 3875-7285 / 3875-7250
editor@boitempoeditorial.com.br
boitempoeditorial.com.br
blogdaboitempo.com.br

FACEBOOK boitempo
TWITTER editoraboitempo
YOUTUBE imprensaboitempo

CARTA MAIOR
Promoções, Publicações e
Produções Ltda.
Av. Paulista, 726, 15º andar
Tel.: (11) 3142-8837
cartamaior.com.br

Diretor geral
Joaquim Ernesto Palhares
FACEBOOK cartamaior
TWITTER cartamaior
YOUTUBE tvcartamaior

Sumário

Nota da editora 6

Apresentação: Um teatro milionário – *João Sette Whitaker Ferreira* 7

A Copa do Mundo no Brasil: tsunami de capitais aprofunda a
desigualdade urbana – *Ermínia Maricato* 17

Jogo espetáculo, jogo negócio – *Nelma Gusmão de Oliveira* 25

Lei Geral da Copa: explicitação do estado de exceção permanente –
Jorge Luiz Souto Maior 33

Transformações na identidade nacional construída através do futebol:
lições de duas derrotas históricas – *José Sergio Leite Lopes* 41

A máfia dos esportes e o capitalismo global – *Andrew Jennings* 51

Para além dos Jogos: os grandes eventos esportivos e a agenda do
desenvolvimento nacional – *Luis Fernandes* 57

Megaeventos: direito à moradia em cidades à venda – *Raquel Rolnik* 65

Como serão nossas cidades após a Copa e as Olimpíadas? – *Carlos Vainer* 71

A Copa, a imagem do Brasil e a batalha da comunicação – *Antonio Lassance* ...79

O que quer o MTST? – *Movimento dos Trabalhadores Sem-Teto* 85

Cronologia dos megaeventos esportivos 89

Sobre os autores 93

Nota da editora

Idealizada e organizada coletivamente, esta obra lança olhares multifacetados sobre os megaeventos esportivos sediados pelo Brasil, a Copa do Mundo de 2014 e os Jogos Olímpicos e Paraolímpicos de 2016, e, em especial, sobre sua relação com a cidade.

A partir de uma pauta elaborada pelas equipes da Boitempo e da Carta Maior, encomendou-se a maioria dos textos diretamente aos autores, que, para tornar o livro mais acessível, abriram mão de receber remuneração pela publicação de seus artigos. A parceria com a Carta Maior é essencial para que esta obra possa alcançar o maior número de pessoas, estimulando, quem sabe, seu olhar crítico e o desejo de lutar efetivamente pelos direitos do cidadão. Agradecemos ao MídiaNINJA (que também colaborou nos volumes anteriores desta coleção), ao Ministério do Esporte e ao fotógrafo Apu Gomes pela cessão das imagens que ilustram este livro.

Antecedido por *Occupy: movimentos de protesto que tomaram as ruas* (2012) e *Cidades rebeldes: Passe Livre e as manifestações que tomaram as ruas do Brasil* (2013), este *Brasil em jogo: o que fica da Copa e das Olimpíadas?* é o terceiro volume da coleção Tinta Vermelha, que reúne obras de intervenção e teorização sobre acontecimentos atuais. O título da coleção é uma referência ao discurso de Slavoj Žižek aos manifestantes do Occupy Wall Street, na Liberty Plaza (Nova York), em 9 de outubro de 2011. O filósofo esloveno usou a metáfora da "tinta vermelha" para expressar a encruzilhada ideológica do século XXI: "Temos toda a liberdade que desejamos – a única coisa que falta é a 'tinta vermelha': nos 'sentimos livres' porque somos desprovidos da linguagem para articular nossa falta de liberdade". A íntegra do discurso está disponível em: <http://blogdaboitempo.com.br/2011/10/11/a-tinta-vermelha-discurso-de-slavoj-zizek-aos-manifestantes-do-movimento-occupy-wall-street/>.

Com a colaboração dos autores deste livro e de outros que fazem parte do catálogo da editora, seguiremos, até o final das Olimpíadas, alimentando a reflexão no Blog da Boitempo, em um dossiê disponível em: <http://blogdaboitempo.com.br/megaeventos>.

Apresentação
Um teatro milionário
João Sette Whitaker Ferreira

Primeiro ato: uma boa ideia de "marketing urbano"

Meados dos anos 1980. Os países desenvolvidos vivem a crise da chamada reestruturação produtiva. Reduz-se a disposição dos Estados de bem-estar para manter políticas sociais universais e gratuitas, ainda mais face ao aumento significativo de imigrantes. Hegemoniza-se a mudança para um modelo neoliberal, liderada por Thatcher na Grã-Bretanha e Reagan nos Estados Unidos: os investimentos públicos tornam-se cada vez mais pontuais e exclusivistas, politicamente mais bem-recebidos pelos segmentos de alta renda, em detrimento dos programas sociais estruturais. A economia mundial se financeiriza e se endivida, consolidando um modelo que iria estourar décadas depois, na crise de 2008. A disputa por investimentos torna-se acirrada.

No âmbito urbanístico, parques industriais e equipamentos (como estações de trem) tornam-se obsoletos. Os centros urbanos popularizam-se e absorvem milhares de imigrantes; o desemprego bate forte e a crise nas cidades se instaura. A palavra "renovação" urbana soa como música para enfrentar uma situação social que não agrada nem às elites nem aos

8 | Brasil em jogo

governantes. O modelo de bem-estar social começa a se esfacelar, dando lugar ao "combate" à chamada "degradação urbana".

Paradoxalmente, foi um governo socialista, do francês Mitterand, que inaugurou o que se tornaria uma "solução" para essas áreas: transformá-las por meio da construção de grandes equipamentos culturais (museus, óperas e afins), símbolos arquitetônicos que aquecem o mercado imobiliário e da construção civil, dão um lustre "moderno" à figura do governante, dinamizam o turismo e revigoram o chamado "marketing da cidade", ao preço de uma forte valorização e elitização[1]. A ideia difundida era a de que os gastos concentrados – muito menores do que políticas sociais em grande escala – gerariam uma "imagem positiva" da cidade, capaz de atrair os fluxos do novo capital financeiro.

Segundo ato: uma receita de urbanismo

Nos anos 1990, a receita espalhou-se pelo mundo desenvolvido com tanto sucesso que importantes urbanistas – como Ermínia Maricato e Carlos Vainer, que escrevem neste livro – chegaram a apontar a hegemonização de um "pensamento único nas cidades"[2]. Em suas pretensões "globais", as *wannabe world cities*[3] passam a disputar os fluxos de capitais financeiros. Multiplicam-se as obras simbólicas, assinadas por grandes arquitetos, emergentes de um novo *jet set* internacional da profissão.

A renovação das docas de Londres e o museu Guggenheim em Bilbao são alguns dos incontáveis exemplos de renovações urbanas realizadas segundo essa receita de "urbanismo do espetáculo", como Maricato aponta no artigo publicado neste volume. O aspecto central é que, em todas elas, foi fenomenal o comprometimento de recursos públicos, sempre com a justificativa de que as obras, minas de ouro para o mercado imobiliário e da construção civil, eram necessárias à "nova competitividade global". Porém, nem sempre as "requalificações de bairros obsoletos" com dinheiro público tiveram a aceitação esperada, apesar do selo "cultural". Na

---

[1] Ver Carlos Vainer, "Os liberais também fazem planejamento urbano", em Otília Arantes, Ermínia Maricato e Carlos Vainer (orgs.), *A cidade do pensamento único: desmanchando consensos* (Petrópolis, Vozes, 2000), p. 117-9, col. Zero à Esquerda.

[2] Ver Otília Arantes, Ermínia Maricato e Carlos Vainer (orgs.), *A cidade do pensamento único*, cit.

[3] Como as chamou John Short, "Urban Imagineers", em Andrew E. Jonas e David Wilson, *The Urban Growth Machine: Critical Perspectives Two Decades Later* (Nova York, State University of New York Press, 1999).

crise econômica, a estratégia de comprometer recursos foi negativamente cotejada com a redução dos investimentos nas políticas sociais.

Era necessário legitimar esse modelo de alguma forma. Percebeu-se então que grandes eventos, sobretudo os esportivos, que movem paixões nacionais, tinham a grande "qualidade" de serem popularmente aceitos. A ideia era associar esses eventos às obras de requalificação urbana desejadas. Assim, ao redor de um grande estádio, de um pavilhão de exposições, começaram a ser erguidos centros de negócios, bairros de alto padrão etc. Operações casadas em que governantes e investidores saíam ganhando, com a vantagem do apoio popular. A Copa do Mundo da Fifa e os Jogos Olímpicos do COI, os megaeventos mais importantes nesse cardápio, passaram a ser disputados ferozmente pelas cidades do mundo.

Como demonstra Nelma Gusmão de Oliveira, a Fifa e o COI perceberam o poder que tinham nas mãos. Governantes passaram a tratá-los como fontes milagrosas de capitais. Quem obtivesse o direito de sediar seus eventos teria uma justificativa de inquestionável popularidade para dispor de rios de dinheiro público em nome da "modernização" da cidade, alavancando negócios milionários para o setor privado. Porém, necessidades legitimamente urbanísticas e, em geral, mais urgentes eram passadas para trás.

Em 1992, Barcelona, cidade que já dispunha de excepcional plano urbanístico desde o começo do século XX, inaugurou com certo sucesso essa fórmula, que seria então vendida ao planeta. Urbanistas catalães, como Jordi Borja, percorreram o mundo como verdadeiros gurus. Políticos da cidade alçaram voos mais altos. Joan Clos, responsável financeiro nos Jogos Olímpicos e por duas vezes prefeito da cidade, é hoje diretor executivo da UN-Habitat, da ONU.

Tanto a Fifa quanto o COI souberam transformar espetáculos esportivos em grandes negócios, como observa Nelma Gusmão de Oliveira, seguindo uma escola bem brasileira de trato com o poder – vide João Havelange dirigente da Fifa e do COI por décadas. Favores, "comissões" e outras formas de negociação pouco transparentes passaram a ditar a escolha das cidades-sede, mas sobretudo os processos subsequentes de organização dos eventos. A Fifa, o COI e mesmo a FIA, da Fórmula 1, viram-se frequentemente envolvidas em escândalos de corrupção. E uma voz quase solitária passou a denunciar corajosamente tais descalabros: a do jornalista escocês Andrew Jennings, presente neste volume com o belo depoimento "A máfia dos esportes e o capitalismo global".

Entreatos: quem ganha com os eventos?

O lucro dos megaeventos redunda em ganhos fabulosos para as instituições organizadoras. O evento por si só já é uma máquina de dinheiro, com a venda de ingressos, direitos televisivos, de publicidade e imagem. Porém, se para a Fifa o negócio é lucrativo, com zero por cento de riscos, não é tão seguro assim para os patrocinadores. Por isso, aliás, eles ficaram apavorados com as manifestações de junho de 2013 no Brasil e exigiram medidas draconianas para proteger sua exclusividade. A regra é clara: todo lucro deve ser garantido às empresas que pagaram por isso.

Para os governos, porém, a conta não é tão certa, pelo menos em termos monetários. O suposto grande "lucro" é político-eleitoral. Governantes veem sua imagem abrilhantada pela "competência" em ter conseguido atrair um evento globalmente popular, que coloca a cidade ou o país-sede na vitrine do mundo. No entanto, do ponto de vista financeiro, até hoje não se mostrou, na ponta do lápis, o resultado final da equação entre os montantes de dinheiro público investidos, os custos da manutenção dos equipamentos após os eventos e os resultados comerciais efetivos no turismo e no comércio. Há casos de Jogos Olímpicos cujos lucros foram ínfimos, como em Atlanta (1996), ou que geraram significativo déficit, como em Montreal (1976) e Atenas (2004). Muitas vezes trata-se tão somente de transferências indiretas de recursos públicos para setores específicos (como o de hotelaria), e os custos sociais e ambientais são de difícil medição.

Mas o que ajuda a transformar megaeventos em minas de ouro são as obras que alavancam. Exigidas pelos órgãos organizadores em comum acordo com os governos hospedeiros, alimentam os mercados da construção civil, fundiário e imobiliário. A valorização fundiária é espetacular, gerando disputas locais ferozes. Como mostra Ermínia Maricato neste livro, nos países em desenvolvimento, o tsunami de capitais envolvidos aprofunda a dinâmica estrutural de desigualdade urbana e segregação socioeconômica. Junto a estádios, ginásios ou pavilhões, estruturam-se empreendimentos comerciais e bairros de negócios e são construídas importantes vias de acesso que interessam especialmente aos organizadores e raramente são prioritárias para a cidade.

O caso de São Paulo na Copa de 2014 é exemplar: mobilizaram-se recursos federais específicos para a construção de um monotrilho suspenso que serviria o estádio da abertura da Copa, na Zona Sudoeste da cidade. Porém, por disputas locais e pressão da Fifa, optou-se pela construção de um estádio novo, na Zona Leste, a custos e comissões muito mais altos. Mas o "monotrilho da Copa" continuou a ser construído para levar torcedores ao estádio anterior. O novo estádio, por sua vez, foi implantado sem nenhum projeto de integração com a malha urbana local.

Além disso, as entidades esportivas indicam empresas "amigas" para os projetos de engenharia, interferem nas escolhas das empreiteiras e pressionam os governos a abrirem pesadas linhas de financiamento. Sua força é tanta, e a submissão dos políticos locais tão gritante, que conseguem forçar a aprovação de leis específicas e excepcionais para garantir seus privilégios – como mostram neste livro Carlos Vainer e Jorge Luiz Souto Maior.

Nos países desenvolvidos, entretanto, tais procedimentos não passam despercebidos. A dificuldade em equacionar os investimentos públicos e os lucros eventuais, o déficit estrondoso de alguns eventos e as acusações de corrupção começam a mobilizar a sociedade civil, que protesta cada vez mais veementemente – vide a desistência de Estocolmo em concorrer para os Jogos Olímpicos de Inverno de 2022.

Terceiro ato: a caminhada para o Sul

Ao longo dos anos 1980 e 1990, com exceção do México em 1986, todas as Copas da Fifa foram realizadas em países desenvolvidos, alavancando grandes obras de "reabilitação" urbana, como no caso do Stade de France, localizado na periferia norte da capital francesa.

A Copa de 2002 marcou uma transição ao ser coorganizada por um país desenvolvido, o Japão, com um "tigre asiático" em ascensão, a Coreia do Sul. Era o começo de uma movimentação em direção aos países em desenvolvimento. África do Sul, Brasil, Rússia e Catar, com democracias ainda jovens (com exceção do totalitário Catar), foram escolhidos para sediar as Copas de 2010 a 2022. Muitos analistas, dentre os quais me incluo, avaliam que esse deslocamento foi claramente estratégico, devido aos protestos cada vez mais frequentes contra os megaeventos nos países do Norte. Mais do que isso, as estruturas governamentais dos novos anfitriões, geralmente contaminadas por uma corrupção estrutural, são especialmente vulneráveis às pressões exercidas pelos grandes *players* dos megaeventos, sendo mais fácil dobrar os políticos locais para aprovar leis de exceção, mesmo que representem retrocessos gritantes em suas conquistas sociais, como mostra parte dos textos desta coletânea.

Externamente, os países em desenvolvimento mas em ascensão no cenário econômico mundial, usam os megaeventos esportivos como vitrines

12 | Brasil em jogo

de seu "sucesso" econômico. O caso da China é sintomático: com investimentos de mais de US$ 40 bilhões para promover os Jogos Olímpicos, firmou sua imagem de grande potência internacional. No Brasil, o empenho do presidente Lula na candidatura para a Copa e as Olimpíadas diz muito sobre o papel estratégico desses eventos para a imagem de um país. Trata-se de posicionar-se no capitalismo financeiro global como um "bom lugar para investimentos". Internamente, em países com severas insuficiências de logística e infraestrutura e sedentos por investimentos que lhes permitam construí-las, esse discurso é facilmente apoiado pela opinião pública.

O discurso do "legado" dos megaeventos é então amplamente difundido. Estabelece-se uma coalizão político-econômica que envolve diversos atores: os organismos esportivos internacionais e seus pares nacionais, os governos locais e os órgãos públicos de financiamento, as grandes empreiteiras, as elites fundiárias e imobiliárias. Todos se mobilizam para fazer funcionar uma "máquina de crescimento".

Porém, como é habitual, confunde-se crescimento econômico com desenvolvimento. E a ilusão tem pernas curtas. As experiências de outros países, como China, Grécia, Canadá, África do Sul ou até mesmo França, mostram que os equipamentos construídos para os megaeventos têm uma capacidade muito baixa de integração após a conclusão dos eventos[4]. Linhas de transporte mostram-se superdimensionadas após o evento, e elefantes brancos surgem no meio do nada, exigindo enormes custos de manutenção. O estádio Olímpico de Montreal é um exemplo simbólico, que se repetiu na China e na África do Sul. No Brasil, a paixão futebolística e o tamanho de certas torcidas ameniza um pouco esse problema, porém, em Brasília, Manaus ou Natal, cidades que nem sequer têm equipes na primeira divisão nacional, isso certamente se evidenciará.

Essa discrepância entre a construção de equipamentos e sua integração posterior à vida econômica e urbana local é evidentemente mais dramática nos países subdesenvolvidos. A Alemanha alega que a Copa do Mundo de 2006 lhe permitiu reestruturar seu sistema de vias férreas, o que é muito provável. Mas países como a África do Sul ou o Brasil ainda apresentam carências enormes de serviços básicos, como saneamento, equipamentos públicos ou mesmo habitação digna. E é justamente a população mais pobre a mais atingida pelos megaeventos, como mostram Raquel Rolnik e o MTST

---

[4] Sylvain Lefebvre e Romain Roux, "L'après-JO. Reconversion et réutilisation des équipements olympiques", *Espaces, Loisirs et Tourisme*, n. 263, 2008, p. 30-42.

neste livro. A proliferação de empreendimentos imobiliários de alto padrão nas proximidades dos estádios e outras obras emergenciais provocam um duplo processo de expulsão da população mais pobre, seja pela remoção sumária e violenta dos assentamentos, seja pela expulsão "natural" decorrente da forte e nada regulada valorização imobiliária consequente. A Copa e os Jogos, nesse sentido, acirram nosso *apartheid* urbano.

Por fim, há uma externalidade que se exacerba nos países em desenvolvimento, acrescentando um toque trágico à barbárie: a intensificação da exploração sexual (incluindo infantil) decorrente do "turismo sexual" que se escamoteia por trás das viagens "oficiais" de muitos torcedores

Último ato: uma Copa eleitoral

A Copa do Mundo do Brasil tem, para completar, uma peculiaridade: ocorre a poucos meses de uma eleição presidencial. Pouca gente bem informada no país acreditaria que o então presidente Lula tenha sido ingênuo e não percebera essa coincidência quando da candidatura brasileira. Trata-se, é evidente, de uma aposta política. Arriscada, mas, em caso de sucesso, extremamente lucrativa: se o Brasil organizar bem a Copa (e, ainda por cima, vencê-la), nada mais impedirá a ampla aceitação dos Jogos Olímpicos do Rio e os louros políticos para o governo.

Resta saber se Lula havia previsto os eventos de junho de 2013, que abalaram o país justamente na ocasião da Copa das Confederações. As manifestações que então mobilizaram a juventude brasileira foram a expressão de uma revolução geracional[5]. Jovens que cresceram em um ambiente democrático, com enorme disponibilidade de informação, conscientizaram-se de que o país carece de um legítimo sentido "público", e a razão que os levou às ruas, originalmente, foi a reivindicação de políticas públicas universais.

Nesse ambiente crítico, era natural que se questionasse a insensatez dos gastos com os megaeventos. Em um país ainda pobre apesar de muito rico (o que caracteriza a modernização conservadora e a condição de subdesenvolvimento), com indecente concentração da renda, em que as políticas públicas mostram-se constrangedoramente ineficazes, a concentração de recursos públicos nos equipamentos da Copa revelou-se incoerente e antagônica com o próprio discurso governista oficial de acabar com a pobreza no país.

---

[5] Ver João Sette Whitaker Ferreira, "Uma revolução geracional?", blog *Cidades para que(m)?*, disponível em: <cidadesparaquem.org/blog/2013/12/26/uma-revoluo-geracional>.

14 | Brasil em jogo

Essa incoerência foi cobrada, nas manifestações de 2013, do governo federal, que se defendeu dizendo que os recursos públicos vinham sobretudo dos Estados que aceitaram receber a Copa. De maneira geral, a justificativa governista ampara-se na sinergia econômica gerada pelos investimentos, permitindo obras de infraestrutura e modernização e, consequentemente, aquecendo a economia. É esse o argumento central sustentado neste livro por Luis Fernandes, secretário executivo do Ministério do Esporte.

Se esse discurso tem aspectos verdadeiros (alguma modernização nos aeroportos, por exemplo), ele se fragiliza quando cotejado, pelos jovens, com uma realidade em que o dinheiro público é frequentemente desviado pela corrupção e, principalmente, o setor privado mostra estar mais interessado em sua lucratividade do que em contribuir com a modernização do país. Além do mais, é rápida a proliferação de notícias mostrando o fiasco financeiro de vários desses tão festejados megaeventos, ainda mais em ano eleitoral, em que os aspectos negativos seriam, obviamente, capitalizados pela oposição.

Com isso, a Pátria do Futebol, ironicamente, deu uma lição ao resto do mundo na Copa das Confederações: nunca havia se visto tamanha mobilização de protesto contra um evento cuja popularidade ainda é tão dominante. Repercutia no mundo que o povo brasileiro, cuja identidade, como esmiúça José Sergio Leite Lopes neste livro, se confunde com o futebol, era contra a Copa. E tanto a Fifa quanto o governo sentiram o golpe. Mas se as manifestações haviam começado com protestos legítimos por maior moralidade política, foram rapidamente manipuladas pela grande mídia corporativa e transformadas em um movimento oposicionista antidemocrático. *Slogans* como "O gigante acordou" e "Vem pra rua você também" e a indução às vestes brancas ou verde-amarelas "contra tudo que está aí" tornaram-se as palavras de ordem de uma mobilização vaga em objetivos, claramente insuflada pelo poder econômico e midiático para atingir e desestabilizar a presidenta e o regime democrático.

Muito antes da Copa vir para o Brasil, a mobilização contrária aos megaeventos era expressada isoladamente por setores de esquerda da intelectualidade acadêmica, vozes isoladas perante a força ideológica do discurso pró-Copa e perdedoras no jogo político nacional. Nada parecia impedir a coalizão de interesses que se formara em favor da Copa e dos Jogos, envolvendo amplos setores do empresariado e da grande mídia.

A disputa eleitoral e a polarização política no Brasil iriam, entretanto, desfazer esse consenso. A pauta foi repentinamente encampada, com os mesmos argumentos, pelos setores mais conservadores da sociedade, em clara manobra eleitoral de oposição ao governo. Para seu desconforto, os que vinham construindo uma forte e bem embasada argumentação contra os megaeventos esportivos durante anos, de forma isolada e batendo de frente contra a opinião da maioria, viram alinhar-se a seu lado figuras do extremo oposto do espectro político. Nada pior para os oposicionistas "originais", por assim dizer. Da noite para o dia, nas redes sociais, na grande mídia corporativa, gente mais habituada aos *shoppings-centers* e carros blindados passou a indignar-se com a pobreza e a proferir um discurso que não lhe cabia. Setores empresariais e midiáticos que de início festejaram os prováveis negócios engendrados pelos megaeventos tornaram-se preocupados com a má qualidade da educação, da saúde ou dos transportes, repetindo um apropriado *slogan* de rápida aceitação por parte da opinião pública menos politizada: "Imagina na Copa".

É claro que há por trás disso uma supervalorização especulativa. Primeiro porque, apesar do exagero da Fifa em suas exigências, a Copa do Mundo não é mais do que uma série de jogos de futebol espalhados pelo território, em um país habituado a ver semanalmente seus estádios lotados. Se os jogos da Copa têm um grau de exigência organizativa maior, ainda assim isso não os difere tanto daquilo com que já estamos bastante habituados. Além disso, nenhum dos grandes problemas previstos é realmente inédito: notícias de desorganização e confusões de todo tipo na logística de Copas do Primeiro Mundo, seja na França ou na Itália, existem à profusão. Nem mesmo a repressão a manifestações, tão temidas por aqui, tem sido especialmente pior do que se vê nas manifestações europeias. Houve, deve-se dizer, um exagero politicamente certeiro nas previsões alarmistas da Copa, que se revertem em um pessimismo com relação ao país. Nada mais oportuno para contrabalancear o discurso eufórico de "próxima grande potência mundial" que Lula havia cuidadosamente construído, associando-o à sua imagem.

Os movimentos sociais, por sua vez, têm também ótimo sentido de oportunidade, e de repente, valendo-se do interesse da mídia em polemizar sobre o evento, passam a associar inteligentemente todas as suas ações à Copa. Mas o que deve ser ressaltado é que suas reivindicações vão muito além das preocupações conjunturais com os gargalos logísticos e de infraestrutura turística, e não se encerraram com a final da Copa do Mundo, pois a educação pública no país continuará precária e a falta de moradia, crônica, assim como a prostituição infantil e a ação predadora do grande capital imobiliário continuarão sendo problemas relevantes.

A Copa do Mundo no Brasil: tsunami de capitais aprofunda a desigualdade urbana*

Ermínia Maricato

Revitalização, reabilitação, revalorização, requalificação, reforma, não importa o nome dado ao processo que reúne capitais internacionais "especializados" no urbanismo do espetáculo e que utiliza como álibi megaeventos esportivos, culturais ou tecnológicos: com frequência, são as mesmas instituições financeiras, as mesmas megaconstrutoras e incorporadoras e os mesmos arquitetos do *star system* que promovem um arrastão empresarial a fim de garantir certas características a um pedaço da cidade que se assemelha, no mais das vezes, a um parque temático[1].

Endividamento, especulação imobiliária e gentrificação são marcas que, com raras exceções, acompanham essas custosas transformações, tão comumente alardeadas como vantajosas. No caso da Copa do Mundo, as exigências feitas pela Federação Internacional de Futebol Associado (Fifa) e pelo Comitê Olímpico Internacional (COI) impactam

---

* Uma primeira versão deste texto foi escrita em dezembro de 2013, incluída em Fernando Carrion e Maria José Rodriguez (orgs.), *Futbol y ciudad* (Quito, Flacso, no prelo). (N. E.)

[1] Ver Otília Arantes, *Berlim e Barcelona: duas imagens estratégicas* (São Paulo, Annablume, 2012).

profundamente o contexto jurídico, econômico, social e urbanístico dos países-sede, de forma a definir os padrões para os projetos e obras, os contratos comerciais para a veiculação das imagens e os produtos a serem vendidos, de acordo com os patrocinadores. Aos grandes capitais internacionais ligados aos megaeventos somam-se capitais nacionais e locais das áreas de construção civil, mercado imobiliário, turismo, gastronomia e hotelaria. Políticos de plantão integram essa "máquina de crescimento", apostando na visibilidade de suas iniciativas e no apoio econômico para futuras campanhas. A dilapidação do fundo público, seguindo leis casuísticas e apressadas, além de projetos incompletos, se dá sob o argumento do "legado" que, após o megaevento, restará em benefício de toda a população. No entanto, a experiência mostra que esse cenário tende a contrariar as necessidades locais e sobrar como um conjunto de "elefantes brancos", como aconteceu com o Ninho de Pássaro em Pequim ou com o estádio construído na Cidade do Cabo para a Copa de 2010 – cuja demolição chegou a ser cogitada.

Algo semelhante ocorre com as obras de mobilidade e de moradia. O interesse social é álibi para um milionário movimento de construção, que, entretanto, ignora as reais necessidades populares. Uma tendência geral de expulsão dos pobres da cidade, com a valorização imobiliária vinculando-se à distinção de classe, é o que se verifica. Ainda assim, apesar de reconhecer a "monótona regularidade" das estratégias territoriais (e sociais) que acompanham os megaeventos no mundo, é impossível conter a perplexidade diante do que acontece hoje com as cidades brasileiras na Copa de 2014, em especial com a violentada metrópole do Rio de Janeiro, que sediará também os Jogos Olímpicos de 2016[2].

O urbanismo do espetáculo e os megaeventos

Antes de mencionar a especificidade da relação entre megaeventos e cidade, é preciso lembrar o papel das cidades na chamada globalização neoliberal. O processo de assalto às economias nacionais, com propostas de renovações urbanas que incluem grandes obras e flexibilização da normativa urbanística, não acontece exclusivamente em função dos grandes eventos: pode-se dizer que é uma das estratégias regulares da globalização neoliberal. Com os megaeventos, essa tendência se potencializa.

---

[2] Ver artigo de Fernanda Sánchez em Fernanda Sánchez, Glauco Bienenstein, Fabrício Leal de Oliveira e Pedro Novais (orgs.), *A copa do mundo e as cidades: políticas, projetos e resistências* (Niterói, UFF, 2014).

As cidades ocupam um papel importante no processo de acumulação no capitalismo globalizado, do qual, por ocasiões dos meganegócios, o espaço urbano, as obras de infraestrutura e as edificações constituem parte essencial.

De fato, o fim do Estado provedor e a emergência da globalização neoliberal entre anos 1970 e 1980 tiveram um impacto profundo nas cidades, em especial nas do capitalismo periférico, que nunca viveram a "plenitude" dos direitos sociais. Ao lado do recuo das políticas sociais e do aumento do desemprego, da pobreza e da violência, um novo ideário de planejamento urbano substituiu o ideal de urbanismo modernista. Desregulamentação, flexibilização e privatização são práticas que acompanharam a reestruturação das cidades no intuito de abrir espaço para os capitais imobiliários e de infraestrutura e serviços.

É preciso entender as forças que tomam o comando desse processo e o ideário urbanístico que o acompanha. As privatizações foram ampliadas sob a argumentação da ineficiência do Estado e eficiência do mercado, ideia construída por uma campanha mundial espetacular sustentada por agências multilaterais (incluindo o Banco Mundial e o FMI) e conglomerados internacionais. A palavra de ordem – mais mercado, menos Estado – mostrou-se falaciosa, pois o que se constatou foi menos Estado para investimentos e políticas sociais, mas mais Estado para proteger e sustentar as forças do mercado, como comprova a inacreditável trajetória das dívidas externas dos países periféricos[3].

Apesar da roupagem democrática e participativa, inspirada inicialmente na experiência de Barcelona, as propostas dos "planos estratégicos" combinaram-se perfeitamente ao ideário neoliberal que orientou o "ajuste" das políticas econômicas nacionais por meio do Consenso de Washington, a fim de que as cidades se adequassem aos novos tempos de reestruturação produtiva no mundo – ou, mais exatamente, de relação de subordinação às novas exigências do processo de acumulação capitalista ainda sob o Império norte-americano.

Por aqui, o "plano estratégico" cumpre o papel de, ao mesmo tempo, desregular, privatizar e fragmentar, dando ao mercado um espaço absoluto e reforçando a ideia da cidade autônoma que necessita instrumentar-se

---

[3] Ver Luiz Carlos Azenha, "Maria Lucia Fattorelli: Banqueiros capturaram o Estado brasileiro", disponível em: <http://www.viomundo.com.br/denuncias/maria-lucia-fatorelli.html>, acesso em 5 dez. 2013.

20 | Brasil em jogo

para competir com as demais na disputa por investimentos, de modo a transformá-la em uma "máquina urbana de produzir renda"[4]. A cidade deve agir corporativamente (leia-se, minimizando os conflitos internos) para sobreviver e vencer. Trata-se da "cidade corporativa" ou "cidade-pátria", que cobra o esforço e o "consenso" de todos em torno dessa abrangente visão de futuro. Para tanto, ela deve apresentar os serviços e equipamentos exigidos das cidades globais: hotéis cinco estrelas, centros de convenções, polos de pesquisa tecnológica, aeroportos internacionais etc., a fim de vender-se com competência. Trata-se da "cidade-mercadoria", da "cidade-empresa" que deve ser gerida como tal[5].

A conjuntura urbana brasileira no momento da Copa

Os primeiros impactos da globalização no Brasil prepararam o país para assumir um papel de ponta na produção de *commodities* agrícolas e pecuárias. Um esforço nacional de pesquisas no setor contribuiu para isso e, ao longo das décadas de 1980 e 1990, as cidades restaram sem investimentos significativos nas áreas de habitação, saneamento e transporte urbano[6]. Após a virada do século, o retorno do investimento público e privado no espaço urbano inaugurou uma nova fase para as cidades e para o processo de acumulação de capital, na qual a financeirização da economia liga-se especialmente com os processos imobiliários.

Na prática, o neodesenvolvimentismo – isto é, a inclusão das cidades na política de crescimento econômico – vai contra as cidades, pois ignora a política urbana e seu requisito central, o uso e a regulação do solo[7]. Estamos diante da grande trava social: o "nó" da terra ou da propriedade patrimonial que sustenta a desigualdade urbana. As propostas dos movimentos de reforma urbana simplesmente desapareceram da agenda política, desde a escala local até a nacional. Um grande número de obras de infraestrutura, voltadas em sua maior parte para a circulação

---

[4] Ver Otília Arantes, "Uma estratégia fatal: a cultura nas novas gestões urbanas", em Otília Arantes, Carlos Vainer e Ermínia Maricato (orgs.), *A cidade do pensamento único: desmanchando consensos* (Petrópolis, Vozes, 2000), p. 11-74, col. Zero à Esquerda.

[5] Cf. Otília Arantes, Carlos Vainer e Ermínia Maricato (orgs.), *A cidade do pensamento único*, cit.

[6] Ver Erimínia Maricato, "Cidades no Brasil: neodesenvolvimentismo ou crescimento periférico predatório", *Política Social e Desenvolvimento*, Campinas, v.1, n.1, ano 1, p. 16-55, nov. 2013.

[7] Luiz Carlos Bresser-Pereira, "Do antigo ao novo desenvolvimentismo na América Latina", *Texto para Discussão*, FGV-SP, n. 275, nov. 2010.

do automóvel e para a expansão do mercado imobiliário, passou a constituir a política urbana, contrariando o plano diretor municipal e em função do financiamento de campanhas eleitorais. A desigualdade social e a segregação territorial são lembradas apenas retoricamente para justificar mais obras.

Assim, enquanto o transporte coletivo urbano permaneceu em ruínas por décadas, a desoneração fiscal para compra de automóveis promoveu o literal congestionamento de todas as cidades de médio ou grande porte. A retomada dos investimentos por meio dos Programas de Aceleração do Crescimento (PAC) de 2007 e 2011 pelo governo federal, junto à do financiamento habitacional[8], atraiu os capitais da especulação urbana. Sem dúvida esse movimento de obras teve impacto positivo no emprego e no crescimento econômico, como revelam os dados do IBGE, mas à custa de um preço altíssimo para as cidades e seus moradores, que não participam dos ganhos rentistas fundiários.

O *boom* imobiliário que se seguiu ao lançamento do programa Minha Casa Minha Vida (MCMV) acarretou um aumento de 185% no preço dos imóveis do Rio de Janeiro entre 2009 e 2012, conforme o índice FipeZap. A perspectiva da realização tanto da Copa quanto das Olimpíadas no Brasil também contribuiu para essa febre imobiliária. Com o aumento no preço de aluguéis e imóveis, parte da população trabalhadora foi expulsa para novas fronteiras da periferia urbana, ampliando a extensão das cidades e comprometendo áreas de proteção ambiental ou de risco geotécnico[9].

A estratégia da política de segurança também observa essa lógica territorial, como fica evidente no caso carioca: as Unidades de Polícia Pacificadora (UPP) foram instaladas nas favelas, a fim de distinguir a cidade como espaço voltado para o turismo e para o mercado. Situadas em áreas desvalorizadas, as favelas são entregues ao poder das milícias ou do crime organizado[10].

---

[8] Desde 2005, pela parceria entre a Caixa Econômica Federal e o Ministério das Cidades, mas mais decisivamente a partir de 2009, com o programa federal Minha Casa Minha Vida (MCMV).

[9] Analisando o mercado imobiliário brasileiro na conjuntura da Copa do Mundo, Robert J. Shiller costuma apontar a ocorrência de uma bolha imobiliária no Brasil, já que os preços têm subido ininterruptamente há cinco anos.

[10] Entende-se por milícia um grupo militar ou paramilitar composto por ex-policiais e cidadãos comuns que exercem poder de domínio em determinado lugar, disputando hegemonia com o crime organizado.

22 | Brasil em jogo

O conceito de Estado de exceção de Agamben[11] refere-se ao Estado que se utiliza de dispositivos legais como meio para exercer o poder de forma ilimitada, negando a própria legalidade e o direito dos cidadãos. Estado de sítio, guerras e emergências são momentos que o antecedem, contraditoriamente perenizados por construções legais. A dialética entre Estado de exceção e Estado de direito destrói a política, que subordina-se à economia.

A fim de adaptar as cidades ao urbanismo do espetáculo, operações urbanas definem os espaços que merecem tratamento diferenciado – o entorno dos estádios, por exemplo –, e parcerias público-privadas garantem para o setor privado a segurança dos investimentos (incluindo empréstimos dos fundos públicos) e a exceção das leis, admitindo direito de operações que antes eram prerrogativas exclusivas do Estado.

A análise embasada no conceito do Estado de exceção de Agamben se aplica ao urbanismo praticado sob ideário neoliberal; cabe, porém, um reparo no que se refere ao processo de urbanização típico da periferia do capitalismo. Como não enxergar um Estado de exceção permanente nessa "urbanização dos baixos salários", já que parte das cidades (invisível e ignorada pelo Estado) é construída pelos próprios trabalhadores, à margem das leis urbanísticas? A lei, uma vez que é aplicada de acordo com interesses de classe, passa a ser utilizada para excluir da cidade, do mercado e das políticas públicas grande parcela da população. Ao mesmo tempo, é essa contradição entre a lei, a realidade que a nega e sua aplicação discriminatória que garante um mercado altamente especulativo.

Em síntese, a Copa no Brasil

Tentemos resumir alguns aspectos que se repetem nos processos que acompanham os megaeventos.

1. Como foi explicitado anteriormente, as cidades são objeto fundamental do processo de acumulação de capital na globalização neoliberal, e os megaeventos constituem momentos especiais, potencializados, desse processo. A busca de consenso em torno da preparação do país e das cidades inclui deixar os conflitos para segundo plano.

2. A estética do ambiente resultante disso é pautada pela arquitetura e pelo urbanismo do espetáculo, seguindo as ideias de alienação

---

[11] Ver Giorgio Agamben, *Estado de exceção* (São Paulo, Boitempo, 2004), col. Estado de Sítio, e Carlos Vainer, "Cidade de exceção: reflexões a partir do Rio de Janeiro", em Anais do XIV Encontro da Associação Brasileira de Planejamento Urbano e Regional, Rio de Janeiro, 2011.

diante do fetiche desenvolvidas por Guy Debord[12]. Soma-se ao quadro a exploração de símbolos e imagens por meio do show midiático de alcance planetário, transmitido para um público de mais de 1 bilhão de pessoas em 204 países. Venda e exploração de imagens são parte importante do negócio.

3. Os países "emergentes" têm sido a escolha preferencial desde o fim da década passada para sediar grandes eventos esportivos.

4. O Estado tem um papel central na construção da megaoperação, seja por meio do financiamento de obras monumentais, seja pela flexibilização das normas urbanísticas ou das parcerias com o capital privado, ou ainda pelas garantias dadas aos investimentos privados, entre outras adaptações. Leis específicas como a do Regime Diferenciado de Contratação (RDC) concedem privilégios à Fifa e a seus membros, parceiros, difusores, prestadores de serviço e associados, como subvenções, isenção de tributos ou monopólios de venda.

5. O suposto "legado" que ficará no país como herança positiva tem mostrado muitos aspectos negativos nas experiências anteriores: obras monumentais sem utilidade, serviços que fogem à prioridade social, dívidas enormes[13].

No Brasil chama atenção a condição absurda dos custos e das dimensões dos estádios que foram construídos. Em Porto Alegre, a reforma do Beira-Rio foi orçada em R$ 330 milhões, dos quais R$ 271,5 milhões são empréstimo do BNDES à construtora Andrade Gutierrez. Manaus colocou abaixo o maior estádio já construído na região Norte do Brasil, com capacidade para 40 mil pessoas, para construir outro com capacidade para 44 mil. A demolição custou R$ 32 milhões oriundos de fundo público, e o novo estádio custou R$ 500 milhões.

6. Em geral, os orçamentos foram subestimados e os projetos iniciaram-se sem desenhos executivos. Segundo reportagem do jornal *Gazeta do Povo* de 24 de fevereiro de 2013, foi constatado que as contrapartidas da prefeitura de Curitiba pelas obras de mobilidade da Copa saltaram dos R$ 11,1 milhões previstos inicialmente para R$ 146,8 milhões.

---

[12] Ver seu clássico de 1967 *A sociedade do espetáculo* (Rio de Janeiro, Contraponto, 2014).

[13] Em suas entrevistas, David Harvey insiste no impacto que as Olimpíadas tiveram na dívida que a Grécia contraiu, o que contribuiu para levá-la ao pedido de moratória internacional; ver David Harvey, "Urbanização incompleta é estratégia do capital", *Brasil de Fato*, 25 nov. 2013.

24 | Brasil em jogo

7. Mas a maior operação imobiliária em curso se dá no Rio de Janeiro e leva o nome de Porto Maravilha. Trata-se de uma megaintervenção que busca renovar o *waterfront* portuário seguindo a receita de várias cidades mundiais, como Londres, Nova York e Buenos Aires, com forte simbologia ligada à estética do espetáculo segundo um ideário que mal encobre a finalidade do negócio – incluir residências e escritórios num espaço de distinção. A operação combina todos os expedientes já mencionados aqui: legislação de exceção, recursos governamentais milionários e coordenação delegada às empresas privadas.

8. Segurança e vigilância são mercados novos que se ampliam nos megaeventos sediados em países periféricos. No Brasil foi criada a Secretaria Extraordinária de Segurança para Grandes Eventos.

Quando os jovens entram em cena: junho de 2013

Em junho de 2013 mobilizações sociais tomaram conta das ruas das cidades brasileiras, a princípio pelo aumento da tarifa dos transportes públicos. Mas protestos contra os excessos de gastos pelas obras da Copa há muito já estavam nas ruas, organizados pelos Comitês Populares da Copa. A partir daquele mês, os movimentos sociais, notadamente os de luta pela moradia, ganharam visibilidade e não abandonaram os espaços públicos, conquistando importantes vitórias.

No que se refere aos fatos aqui descritos, a maior delas, por enquanto, foi a suspensão da privatização do estádio do Maracanã. A campanha "O Maraca é nosso", de iniciativa popular, alegou como principais motivos de oposição à privatização a remoção forçada de comunidades do entorno, a falta de transparência e de participação popular, o favorecimento explícito a grupos empresariais e as más condições de trabalho nas obras, entre outros. Na privatização, estavam incluídas ainda as demolições do Estádio de Atletismo Célio de Barros, do Parque Aquático Júlio Delamare, da Escola Municipal Friedenreich e do prédio histórico do antigo Museu do Índio, que foram canceladas. Em São Paulo, um dos acontecimentos mais elucidativos nos últimos anos foi o cancelamento de uma megaobra orçada em US$ 1,5 bilhão – um túnel de 3 km no qual seria impedida a circulação de ônibus e bicicletas.

Essas são apenas algumas das conquistas. O jogo não acabou. Continuamos a viver a plenitude da disputa nas ruas, e é impossível prever o rumo que essa história vai tomar. No entanto, pode-se afirmar que há algo novo no ar além do ataque às cidades por parte dos megaeventos.

Jogo espetáculo, jogo negócio
Nelma Gusmão de Oliveira

Imagens fortes, rituais e simbolismo são elementos que conferem sustentação aos eventos esportivos. É difícil imaginá-los sem pensar no *fair play*, na celebração ou no encontro fraterno entre atletas de diferentes culturas. Cenas mágicas das cerimônias de abertura ou encerramento, momentos de superação, conquistas inéditas e o choro emocionado do torcedor ao ver seu país consagrado campeão compõem esse imaginário.

Envolvidos numa produção espetacular, os Jogos Olímpicos se realizam sob o signo de ideais universalistas e assertivas morais. Progressivamente agregado a outros valores igualmente abstratos, esse discurso é também incorporado a eventos organizados por instituições integrantes do Movimento Olímpico[1], dentre as quais a Federação Internacional de Futebol Associado (Fifa). Mas como se deu a passagem do esporte amador para o grande negócio do esporte? Pode o espetáculo ser considerado esporte quando todos os signos que o compõem se convertem em mercadoria?

---

[1] Sob a autoridade do Comitê Olímpico Internacional (COI), o Movimento Olímpico reúne todas as instituições e os indivíduos envolvidos na promoção do espetáculo esportivo e possui como condição de participação a concordância com as regras e os princípios da Carta Olímpica.

O amadorismo e sua passagem à profissionalização

Aristóteles, em sua *Ética a Nicômaco*, referia-se aos entretenimentos como um fim em si próprio. Na mesma direção, Kant, na *Crítica da faculdade do juízo*, também definia o jogo, em oposição ao trabalho, como uma ocupação agradável por si própria. Foi consubstanciado nesse conceito de jogo amador, desinteressado e despolitizado, que, durante os séculos XVIII e XIX, originou-se o "esporte moderno" nas *public schools* inglesas – destinadas às elites da sociedade burguesa e aristocrática[2].

Na década de 1890, um grupo de aristocratas europeus, liderados pelo barão de Coubertin, se articulou em torno da ideia de uma "retomada" dos Jogos Olímpicos praticados na Grécia Antiga entre os séculos XVIII a. C. e IV d. C.[3]. O "esporte moderno" se coloca, então, como algo inteiramente novo e diferente em relação às atividades normalmente apresentadas como suas "ancestrais". Vale notar, nesse discurso de uma suposta *re(?)naissanse* em relação aos Jogos da Antiguidade, a sustentação de uma herança seletiva, que invoca apenas os aspectos considerados gloriosos pela ética burguesa e deixa de lado aqueles "pouco éticos" ou "não civilizados", segundo os padrões morais da sociedade moderna – como, por exemplo, o alto grau de tolerância à violência física.

As competições da Antiguidade e o esporte moderno amador possuem, contudo, uma coisa em comum: o caráter elitista. Ao não admitir remuneração relacionada à atividade esportiva, o amadorismo característico dos dois momentos pressupõe a existência de atletas com posses suficientes para se sustentar durante o longo tempo dedicado ao treinamento.

Esteado no amadorismo, o esporte moderno contribuiu para a construção de uma moral fundamentada na virilidade, na coragem e na disciplina, pilares que muito bem se adéquam à formação do *ethos* burguês. A permanência nessas bases veio legitimar a pretensão de autonomia do esporte, facultando-lhe o poder de constituir uma estrutura política e financeira própria, juridicamente autônoma em relação às regras gerais da sociedade. Marcada por disputas, a construção dessa autonomia se relaciona a permanentes questões: atividade lúdica ou funcional? Jogo de elite ou jogo de massa? *Fair play* ou negócio? Diversão ou espetáculo?

---

[2] Ver Pierre Bourdieu, "Como é possível ser esportivo?", em *Questões de sociologia* (Rio de Janeiro, Marco Zero, 1983), p. 136-53.

[3] Ver, por exemplo, as Cartas Olímpicas de 1933 e 1950.

A depender da correlação de forças em cada momento, diferentes respostas se apresentavam como dominantes.

Não obstante o discurso de desinteresse econômico, a comercialização dos Jogos Olímpicos através de anúncios publicitários já se dava desde a realização de sua primeira edição, em Atenas, em 1896. Em 1920 propagandas eram introduzidas na programação impressa e em 1924 já havia painéis publicitários nos locais de competição[4]. Na Carta Olímpica[5] daquele ano, contudo, o COI proibiu definitivamente a publicidade nos locais de competição e impressos oficiais, fortalecendo o discurso original de desinteresse econômico.

Quando assistiram à primeira reprodução de imagens (desfocadas) dos Jogos Olímpicos de 1936 em Berlim, nenhum dos 162 mil telespectadores, tampouco os organizadores do evento, poderiam imaginar a complexidade que as relações entre eventos esportivos e televisão atingiriam. Após a primeira transmissão direta dos Jogos Olímpicos de 1960 em Roma, ganhavam corpo as primeiras regras de proteção da marca olímpica, já esboçadas em 1944, e as primeiras diretrizes para os contratos televisivos.

Assim como o capitalismo na época, o espetáculo esportivo ainda negava o papel do mercado na definição de seus procedimentos. Durante a década de 1970, enquanto surgiam as primeiras manifestações da crise capitalista, começava um gradual processo de profissionalização do esporte, explícito em sucessivas regras do COI e que culminou em 1978, quando o termo "amador" desapareceu por completo do texto da Carta Olímpica. Paralelamente, cresciam os mecanismos de proteção à marca olímpica e de controle para a transmissão. Ainda na década de 1970, restrições foram impostas ao uso de logomarcas em equipamentos e vestimentas; o controle publicitário se estendia ao espaço aéreo.

A espetacularização: o mercado como meta

Os princípios da formação moral e da união entre os povos através do esporte, citados nas celebrações da Grécia Antiga, foram sintetizados na concepção moderna do "Olimpismo", apresentado na Carta Olímpica

---

[4] Ver International Olympic Committee, Olympic Marketing Fact File (Lausanne, International Olympic Committee, 2012).

[5] Publicada pela primeira vez em 1908, essa Carta estabelece as regras de funcionamento do Movimento Olímpico. Após ter assumidos vários formatos e nomenclaturas, a partir de 1978 passou a adotar definitivamente o nome Carta Olímpica.

como filosofia de vida a serviço do desenvolvimento harmonioso da humanidade. Uma tensão se estabelece entre a busca da autonomia financeira e esse discurso desinteressado do Olimpismo. No fim do século XX, entretanto, a conjuntura imensamente favorável ao mercado criaria as bases para a legítima conciliação entre as duas lógicas, a princípio antagônicas.

O caminho adotado para resolver o paradoxo foi promover a ideia de juntar o mercado e os valores morais do Olimpismo, conforme proposto por Michael Payne[6], idealizador do atual programa de marketing do COI. A chave utilizada foi comercializar exatamente o conjunto de valores associados ao Movimento Olímpico, altamente estimados pelo marketing empresarial: honra, integridade, determinação, competitividade e excelência, entre outros.

Embora de modo menos institucionalizado, com regras menos claras e menor preocupação em manter imaculados os valores de sua marca, a Fifa também chegaria à autonomia financeira, através de um programa de marketing global semelhante. Não é apenas o discurso do amor ao esporte que une a Fifa e o COI. À frente das duas instituições, em sua virada comercial, se encontravam dois homens fortes e autoritários. Na Fifa, como presidente entre 1974 e 1998, estava João Havelange, amigo dos generais da ditadura militar no Brasil. No COI, entre 1980 e 2001, estava Juan Samaranch, que traz no currículo longa participação no governo fascista de Franco, na Espanha.

Por trás desses dois homens estava Horst Dassler. Objetivando divulgar os materiais esportivos de sua empresa, a Adidas, Dassler estabeleceu laços com os principais dirigentes esportivos do planeta e se tornou o homem mais poderoso do universo dos esportes até sua morte, em 1987, influenciando eleições para cargos esportivos no mundo inteiro. Fazia parte de sua estratégia manter executivos de sua confiança em cargos importantes em federações e agências de atletismo. Foi ele que levou Payne para o COI e Joseph Blatter para a Fifa, por exemplo.

Ao assumir a presidência do COI, em 1980, Samaranch encontrou o Movimento Olímpico à beira do colapso. Depois do assassinato de onze atletas israelenses por terroristas nos Jogos Olímpicos de 1972 em Berlim, da dívida contraída por Montreal na organização dos Jogos de Verão de 1976, da desistência de Denver (escolhida para sediar os Jogos de Inverno

---

[6]   Ver Michael Payne, *A virada olímpica: como os Jogos Olímpicos tornaram-se a marca mais valorizada do mundo* (Rio de Janeiro, Casa da Palavra/COB, 2006).

daquele ano) e do boicote de 66 países aos Jogos de 1980 em Moscou, a tarefa de encontrar cidades dispostas a sediar o evento era árdua. Diante de tal conjuntura e com o caixa em dificuldades, Samaranch, com a ajuda do amigo Dassler e sua empresa de marketing esportivo, a International Sport and Leisure (ISL), enfrentou o desafio de aumentar as receitas com transmissões de TV e programas de patrocínio.

Em relação à transmissão de TV, a estratégia do COI foi assumir diretamente o controle das negociações, feitas inicialmente em conjunto com o Comitê Organizador dos Jogos Olímpicos (Cojo) em questão. Com a implantação, a partir de meados dos anos 1990, de uma nova estratégia de contratos de longa duração, que envolvia mais de um evento, o COI conseguiu eliminar a presença do Cojo da negociação.

Foi também a ISL que apresentou em 1982 a ideia de um programa único de patrocínio em escala mundial, o The Olympic Partners (TOP). Com a proposta de exclusividade por categoria de produtos e serviços, envolvendo o Movimento Olímpico como um todo, o programa do TOP inaugurava um modo de negociação e distribuição das receitas centralizado no COI, acabando com a prática anterior de negociação direta com os Cojos e demais Comitês Olímpicos Nacionais (CONs). Além do programa TOP e da transmissão de TV, as receitas do marketing Olímpico (que atingiram a soma de US$ 8,04 bilhões no período 2009-2012) contam com bilheteria, venda de licença da marca olímpica para produtos e *souvenirs* e patrocínio doméstico.

Adotando práticas que diferem em alguns aspectos das do COI, a Fifa chegou ao final da Copa do Mundo de 2010, na África do Sul, com resultados financeiros igualmente sólidos. Com um faturamento de aproximadamente US$ 4,2 bilhões no quadriênio 2007-2010, a Fifa também concentra sua principal receita na venda dos direitos de transmissão e de marketing.

Para chegar à presidência da Fifa, a principal promessa de campanha de Havelange aos dirigentes de federações nacionais era aumentar o número de países nos campeonatos mundiais. De fato, ele conseguiu dobrar o número de participantes na Copa do Mundo, passando de 16 países, em 1974, para 32, em 1998. Para tal façanha, precisou de dinheiro, e a estratégia foi transformar, com a ajuda de Dassler, o futebol em uma das maiores *commodities* do mundo.

Apesar das semelhanças de estratégias e resultados, alguns aspectos diferenciam a Fifa e o COI. Se o marketing da Fifa se apoia na paixão pelo futebol, o que é vendido pelo COI, com exclusividade por território ou categoria de produto, é a associação entre determinada marca ou rede de TV aos valores não comerciais do Olimpismo. E enquanto a Fifa vende espaços publicitários, é exatamente a ausência desses espaços que valoriza a marca do COI, daí a importância da restrição de publicidade na tela ou dentro dos locais de competição durante as provas. Se, em caso de escândalos e denúncias de corrupção, o COI trata de encontrar rapidamente alguns culpados, a fim de puni-los, a Fifa mantém os responsáveis impunes até que a situação se torne insustentável.

E o que tem isso a ver com as cidades?

Se os programas de marketing rendem o suficiente para manter satisfeitas as instituições envolvidas na promoção do espetáculo esportivo, tal rendimento se revela insignificante quando comparado aos investimentos em infraestrutura, instalações e serviços para a produção desses mesmos eventos dentro dos padrões impostos pelos "parceiros". Facilitada pelo discurso de um suposto legado, a estratégia adotada é a transferência de responsabilidade financeira para cidades e países-sede, através de rigoroso controle político e jurídico sobre esses territórios. É exatamente nesse ponto que a produção do espetáculo esportivo e a da cidade neoliberal convergem. Na busca de agentes capazes de bancar as condições materiais de realização do megaevento, as instituições promotoras encontram máquinas burocráticas sedentas por realizar tal proeza em troca de exposição midiática e legitimação para projetos nababescos e de dificuldade de aprovação em circunstâncias normais.

Identifica-se então uma engrenagem movida por três rodas de disputas: dos difusores, pela exclusividade de transmissão em cada território, dos patrocinadores, pela exclusividade por categoria de produto e das cidades, por sediar os eventos. O valor da marca (olímpica ou Fifa) depende do giro contínuo dessa engrenagem. E, quanto mais valorizada a marca, maior a disputa entre cidades e produtos por se associar a ela. Portanto, maior o poder de barganha da instituição promotora em relação às cidades e mais espetacular o evento, ainda que a custos (econômicos, sociais e políticos) muito altos. Quanto mais espetacular o evento, mais satisfeitos os "parceiros", e maior a disputa pelos direitos de marketing e de transmissão (pois maior o número de espectadores), retroalimentando a valorização da marca. Caso uma dessas rodas emperre, a engrenagem se vê ameaçada. Por outro lado, nas cidades e países, outras engrenagens se movimentam, articulando outros interesses. As exigências impostas pelas instituições internacionais, objetivando satisfazer seus parceiros, se adéquam à legitimação de medidas que viabilizam interesses locais e, desse modo, mantêm a disputa das cidades em movimento.

Há, entretanto, uma contradição proporcional à força de rotação da engrenagem, na medida em que traz consigo o fantasma de esfriamento do interesse das cidades. A crescente demanda por investimentos, os "elefantes brancos" que ficam e as atitudes autoritárias estão entre os vários argumentos críticos que colocam a marca na iminência da desvalorização[7]. É nesse sentido que novos discursos, como o do legado, vão sendo incorporados. Sempre que a sociedade civil interpela o poder do espetáculo, ele se vê constrangido a se reinventar, a mudar as regras do jogo, e isso é o que vem ocorrendo atualmente, especialmente a partir das crescentes ações questionadoras no Brasil. Os resultados dessas disputas, embora ainda em aberto, indicam que esse poder não é absoluto. Ele pode e deve ser desafiado.

---

[7] A recusa de cidades como Munique ou Estocolmo em disputar os Jogos de Inverno de 2022 ilustram a situação.

Lei Geral da Copa: explicitação do estado de exceção permanente

Jorge Luiz Souto Maior

A sociedade inaugurada pelo modelo de produção capitalista, que se consolidou após longo período de acumulação de capital e de formação do denominado exército de mão de obra, tem como características principais a criação do dinheiro como equivalente universal de troca e a fixação do valor das coisas por intermédio da noção de mercado, que se rege pela lei da oferta e da procura e também pelo fetiche da mercadoria, sendo que as coisas, os bens de consumo, necessários ou não, produzem-se por intermédio da compra do trabalho humano, que também é coisificado e integrado ao mercado sob a mesma lógica, para efeito de favorecer a reprodução do capital.

Para consolidar-se, requereu, como decorrência de exigências lógicas, a construção de instituições voltadas principalmente à preservação do mercado de consumo e da estabilização das relações sociais, favorecendo a racionalidade baseada na previsibilidade de condutas, na organização hierárquica produtiva e no planejamento. Constituíram-se, assim, o Estado moderno e o direito.

O Estado moderno e o direito, notadamente o direito constitucional, servem à institucionalização de um poder central, que, do ponto de vista da teoria liberal, é consentido pelos indivíduos, que adquirem a qualidade política e jurídica de cidadãos, para a preservação da ordem. A vida em sociedade é regulada pela Constituição, tornada coercitiva pelo poder do Estado, o qual também se rege pela mesma estrutura jurídica, como forma de garantir que o poder entregue ao governo se exerça em nome do povo e para o povo, falando-se, assim, de soberania popular.

Porém, os conflitos sociais decorrentes do reconhecimento da injustiça social – por sua vez impulsionada pela "liberdade" própria da venda da força de trabalho, que favorece o processo de acumulação nas mãos de poucos da riqueza socialmente produzida – e induzidos pela reivindicação de direitos também constitucionalmente consagrados tendem a florescer, e, quando a situação gera o risco do desarranjo, não sendo mais possível o controle pela via retórica da "reserva do possível" e implicando guerra civil interna, a própria ordem constitucional organiza o modo como o governante, a quem, então, se conferem poderes amplos, atuará sem a completude dos limites da ordem jurídica – tudo em nome da recomposição da situação pretérita.

Há, portanto, na formação do estado de exceção, previsto na própria ordem vigente, uma lógica de continuísmo, que faz da exceção um apêndice da própria regra, a fim de não permitir a revelação das contradições do sistema. Como a situação de desajuste se apresenta em risco cada vez mais crescente, o estado de exceção se edifica como estado permanente, fazendo-o de modo que não se apresente explicitamente.

O importante, para a preservação da ordem de exceção permanente, é que as contradições não sejam reveladas e a fórmula básica para o desenvolvimento de uma racionalidade reacionária é a de tratar os fenômenos sociais de forma pontual, como que descontextualizados da história, destacando apenas os aspectos que possam justificar o resultado que se pretenda para preservação do *status quo*.

Na direção inversa, ou seja, para revelar as contradições de um sistema baseado na regra da exceção permanente, que serve a um continuísmo a serviço de uma classe dominante, há de se fazer uma análise totalizante da realidade, interligando fatos a partir do pressuposto da forma de atuação do modo de acumulação, buscando ainda uma contextualização dialética da formação histórica da realidade examinada.

No caso da Copa do Mundo de 2014, a partir desse método, é fácil perceber o quanto o evento se prestou a reproduzir o modo de produção capitalista por meio da utilização da lógica inserta no estado de exceção, que impulsionou uma visualização restritiva do evento, pautada por uma justificativa atomizada, sem contextualização histórica e feita de forma parcial, para não permitir a revelação de suas intensas contradições.

Historicamente, cumpre lembrar que a Lei Geral da Copa (LGC), n. 12.663/2012, foi, assumidamente, fruto de um ajuste firmado entre o governo brasileiro e a Fifa, uma entidade privada, visando atender os denominados padrões Fifa de organização de eventos, para possibilitar a realização da Copa das Confederações em 2013 e a Copa do Mundo em 2014.

Esse acordo, com propósitos econômicos e políticos, mascarados de "felicidade do povo", implicou a suspensão da vigência de várias normas constitucionais.

O artigo 11 da referida lei criou uma "rua exclusiva" para a Fifa e seus parceiros, excluindo até mesmo a possibilidade do funcionamento de estabelecimentos existentes no tal "local oficial de competição", que abrange o perímetro de dois quilômetros ao redor dos estádios, caso o comércio em questão se relacione de alguma forma ao evento.

Mas a área pública tornada, provisoriamente, uma propriedade privada não se limita ao entorno dos estádios: está também no mesmo perímetro em volta do *Fan Fest*. Sobre o *Fan Fest*, ademais, é oportuno esclarecer que se trata de um "evento oficial" da Copa, que deve ser organizado e custeado pelas cidades-sede, para que os excluídos dos estádios possam assistir aos jogos por um telão, com o acompanhamento de shows. Esse evento, organizado e pago pelo Estado[1] e realizado em espaço público, atende aos interesses privados da Fifa e suas parceiras.

No caso da cidade de São Paulo, ao se impedir a comercialização na área reservada, a Prefeitura acabou interrompendo um processo de negociação iniciado em maio de 2012 com os ambulantes que atuavam na cidade, em especial na região central, onde se situa o Vale do Anhangabaú, e cuja licença havia sido cassada no contexto de uma política de endurecimento muito forte quanto à fiscalização de sua atuação, que fora intensificada justamente a partir de 2011, quando houve a assinatura do termo de compromisso, anunciando São Paulo como uma das cidades-sede da Copa. Em 2012, foram canceladas todas as 5.137 licenças dos ambulantes, e até hoje, mesmo após instaurado, desde 2012, um grupo de trabalho tripartite – trabalhadores, sociedade civil e prefeitura (Fórum

---

[1] Em São Paulo, os *Fan Fest* se dão mediante parceria com o setor privado, conforme o Comunicado de Chamamento Público n. 01/2014/SMSP, que estabeleceu o prazo de uma semana para o oferecimento de ofertas.

36 | Brasil em jogo

dos Ambulantes) – para a discussão do problema, nada se resolveu e, em concreto, ao editar o Chamamento Público citado, a Prefeitura acabou dificultando sobremaneira a pretensão dos ambulantes de terem alguma atuação comercial durante a Copa.

Pela Lei Geral da Copa, ainda, a União obrigou-se a indenizar a Fifa por qualquer lesão sofrida pela entidade, inclusive quanto à transgressão do comércio exclusivo no "local oficial" anteriormente referido (art. 21), sendo essa responsabilidade objetiva, na forma do § 6º do artigo 37 da Constituição Federal (art. 22). A propósito, é oportuno lembrar que não tem sido essa a postura desse mesmo governo no que se refere aos danos causados aos trabalhadores que lhe prestam serviços por intermédio do processo (inconstitucional, diga-se de passagem) da terceirização, e muito menos a mesma eficácia jurídica se conferiu aos interesses dos trabalhadores que estão executando as obras da Copa, muitos dos quais submetidos a excessivas jornadas de trabalho para que se consigam concluir os serviços. Há suspeitas de não recebimento das horas extras (ou recebidas por meio de pagamento "por fora") e largos atrasos no pagamento de salários, sem falar nos trágicos acidentes que geraram mortes, não se tendo qualquer notícia no sentido de que o governo tenha intervindo para buscar a eficácia plena dos direitos desrespeitados e para garantir às vítimas uma imediata indenização.

Além disso, fez letra-morta das normas constitucionais, inseridas na órbita dos direitos fundamentais de proteção ao trabalhador, ao permitir o trabalho voluntário nas atividades ligadas à Copa, fazendo-o de modo, isto sim, a institucionalizar o trabalho em condições análogas às de escravidão, uma vez que o que se pretende, concretamente, é o desprezo aos direitos trabalhistas, contrariando inclusive o próprio compromisso público assumido pelo governo e pela Fifa no que se refere ao trabalho descente, conforme consta expressamente no artigo 29 da própria Lei Geral da Copa.

Ora, o trabalho decente é um conceito difundido pela Organização Internacional do Trabalho exatamente para impedir a execução de trabalho sem as garantias trabalhistas. Verdade que a Lei n. 9.608/98, de discutível constitucionalidade, permite o trabalho voluntário, sem a garantia dos direitos trabalhistas, mas esse serviço, que pode ser prestado "a entidade pública de qualquer natureza, ou a instituição privada de fins não lucrativos", deve possuir objetivos "cívicos, culturais, educacionais, científicos, recreativos ou de assistência social, inclusive mutualidade".

A Fifa está longe de ser uma entidade sem fins lucrativos, e qualquer serviço prestado na Copa do Mundo, megaevento voltado a uma lógica sabidamente econômica – que é, ademais, o que justificou, na visão do próprio governo, sua realização no Brasil –, está longe de possuir algum dos objetivos anteriormente destacados.

A medida em questão auxilia também o interesse econômico do próprio governo brasileiro, que planeja valer-se da previsão normativa de excepcionalidade em questão para angariar o trabalho de até 18 mil voluntários, sendo que a previsão de voluntários da Fifa é de 15 mil. Ou seja, um dos legados concretos da Copa será o histórico de que, durante sua ocorrência, foi negada a condição de cidadania a pelo menos 33 mil pessoas.

E, por falar nisso, lembremo-nos de José Afonso de Oliveira Rodrigues, Raimundo Nonato Lima Costa, Fábio Luiz Pereira, Ronaldo Oliveira dos Santos, Marcleudo de Melo Ferreira, José Antônio do Nascimento, Antônio José Pitta Martins e Fabio Hamilton da Cruz, mortos nas obras dos estádios, e das cerca de 170 mil famílias removidas compulsoriamente de suas casas (segundo dados dos Comitês Populares da Copa) para dar lugar às obras destinadas à realização do evento em Cuiabá, Curitiba, Belo Horizonte, Porto Alegre, Recife, Manaus, São Paulo, Rio de Janeiro e Fortaleza.

Não bastassem essas supressões constitucionais, ainda se instituiu: a) o permissivo, conferido pela Recomendação n. 3/2013, do CNJ, da exploração do trabalho infantil em atividades ligadas aos jogos, incluindo a de gandula, o que, ainda que com bastante atraso, desde 2004 é proibido em torneios organizados pela Confederação Brasileira de Futebol , seguindo a previsão constitucional e o Estatuto da Criança e do Adolescente (ECA); b) a liberdade para a Fifa de atuar no mercado sem qualquer intervenção do Estado, podendo fixar o preço dos ingressos como bem lhe aprouver (artigo 25 da Lei Geral da Copa); c) a eliminação quase plena do direito à meia-entrada; e d) o afastamento da aplicação do Código de Defesa do Consumidor, deixando-se os critérios para cancelamento, devolução e reembolso de ingressos, assim como para alocação, realocação, marcação, remarcação e cancelamento de assentos nos locais dos eventos, à definição exclusiva da Fifa.

E quando os trabalhadores, saindo da invisibilidade, se apresentaram no cenário político e econômico para se expressarem no sentido de que planejam uma organização coletiva para, por meio de reivindicações grevistas, buscar atrair para si uma parte maior do capital posto em circulação em função da Copa, logo um economista de plantão veio a público

38 | Brasil em jogo

com a ameaça de que tais ganhos podem resultar em demissões futuras[2]. Essa possibilidade aventada pelos trabalhadores de se fazerem ouvir na Copa, que pode, em concreto, minimizar seu prejuízo enquanto classe no processo de acumulação e do país, na evasão de riquezas, provocou uma reação institucional imediata, afinal o compromisso assumido pelo Estado brasileiro foi o de permitir que a Fifa obtivesse o maior lucro de sua história[3]. Então, a Justiça do Trabalho se adiantou divulgando o estabelecimento de um sistema de plantão para julgar, com a máxima celeridade (de um dia para o outro), as greves ocorridas durante a Copa, com o pressuposto já anunciado de que "as greves têm custo para os trabalhadores, empregadores e população", sendo certo que a Copa não pode ser usada para "expor o país a uma humilhação internacional, como no Carnaval, quando houve greve de garis"[4].

A iniciativa repressiva da Justiça, aliás, foi aplaudida rapidamente pelo editorial do jornal *Folha de S.Paulo*, que, inclusive em declaração no mínimo infeliz, chamou os trabalhadores de oportunistas: "É uma iniciativa elogiável para evitar o excesso de oportunismo sindical, que não hesita em prejudicar o público e ameaçar o principal evento do ano no país"[5].

Ou seja, todo mundo pode ganhar, menos os trabalhadores. Parodiando a máxima penal, é como se lhes fosse dito: "tudo que vocês ganharem pode ser utilizado contra vocês mesmos"...

Como foram as condições de trabalho nas obras? Quantos trabalhadores não receberam ainda seus direitos por serviços que prestaram para a realização da Copa? Segundo preconizado pelo viés dessa preocupação, nada disso vem ao caso... Na visão dos que só veem imperativo obrigacional de realizar a Copa como questão de honra, custe o que custar, o que importa é que o "público" receba o proveito dos serviços dos trabalhadores, e se estes não ganham salário digno ou se trabalham em condições

---

[2] Vide reportagem da *Folha de S.Paulo*, "Copa vira chamariz para temporada de greves por reajustes", 13 abr. 2014, p. B-1.

[3] "A Fifa deve arrecadar 5 bilhões de dólares com a Copa no Brasil, valor 36% superior ao do Mundial da África do Sul e 110% maior que o da Alemanha", cf. Miguel Martins e Rodrigo Martins, "A Copa do Mundo, aos 45 do 2º tempo", *CartaCapital*, 16 abr. 2014.

[4] Declaração de Rafael Edson Pugliesi Ribeiro, presidente da Seção de Dissídios Coletivos do TRT de São Paulo, em "Justiça do Trabalho arma plantão extra para onda de greves na Copa", *Folha de S.Paulo*, 17 abr. 2014, p. B-1.

[5] "Editorial: greves oportunistas", *Folha de S.Paulo*, 18 abr. 2014, p. A-2.

indignas não há como trazer à tona, a fim de que não se impeça a realização do evento nem se abale a imagem do Brasil lá fora.

Mas, concretamente, que situação pode constranger mais a figura do Brasil no exterior? O Brasil que faz greves? Ou o Brasil em que os trabalhadores, em geral invisíveis aos olhos das instituições brasileiras, são submetidos a condições subumanas de trabalho, proibidos de se insurgirem contra essa situação, tendo de aproveitar o momento de um grande evento para, enfim, ganhar visibilidade, inclusive internacional?

Na verdade, a humilhação internacional a qual o Brasil não quer se submeter é a de que o mundo saiba como o capitalismo se desenvolve por aqui, ainda marcado pelos resquícios culturais de quase quatrocentos anos de escravidão, sem ter sequer os limites concretos da eficácia dos direitos humanos e sociais, promovendo, de fato, uma das sociedades mais injustas da Terra.

Transformações na identidade nacional construída através do futebol: lições de duas derrotas históricas[1]

José Sergio Leite Lopes

A comparação entre as explicações para a derrota brasileira na final de 1950, em casa, e na de 1998, na França, pode ilustrar algumas das transformações na construção e no sentimento de identidade nacional através do futebol no Brasil.

Sabe-se que a construção da identidade nacional passa por várias mediações internacionais, desde condições sociais advindas de transformações históricas até canais de comunicação e uma aguda observação de novos marcadores de nacionalidade de outros países. Na Europa, essa construção teve lugar desde fins do século XVIII e por todo o XIX. Os países da América Latina, contudo, têm parte fundamental de sua identidade construída já em pleno século XX. No caso do Brasil e de pelo menos dois de seus vizinhos, Uruguai e Argentina, essa fase intensa, de tradições

---

[1] Baseado em meu artigo "Transformations in National Identity through Football in Brazil: Lessons from Two Historical Defeats", em Rory Miller e Liz Crolley (orgs.), *Football in the Americas: Fútbol, Futebol, Soccer* (Londres, Institute for the Studies of Americas-University of London, 2007), p. 75-93, disponível em: <www.rci.rutgers.edu/~triner/Brazil/futebol.pdf>.

42 | Brasil em jogo

inventadas, coincidiu com a rápida difusão do futebol no país, quando são instituídas também as Copas do Mundo.

Nessa instância de competição internacional, elabora-se a apresentação pública da nacionalidade. E é bem conhecido o valioso efeito das vitórias para a exibição das qualidades nacionais. Mas e o poder das derrotas, sobretudo as exemplares? Que reflexões e fantasias coletivas são desencadeadas nessas ocasiões?

Sobre a derrota brasileira na Copa de 1950 há considerável produção bibliográfica. Sobre a de 1998 há muita cobertura jornalística e alguns ensaios. A comparação entre ambas tem sido mencionada, embora de forma ainda pouco sistemática. O esboço dessa comparação tem a vantagem de ao menos avaliar as transformações ocorridas no futebol brasileiro no período, das quais destacam-se: (I) a grande ascensão na cena internacional entre 1958 e 1970, quando os jogadores brasileiros faziam carreira em casa, e (II) a intensificação da circulação de jogadores nos clubes europeus, na busca de um profissionalismo global nos anos 1980 e 1990. Quanto ao futebol capitalista globalizado que vimos eclodir com clareza na Copa de 1998, podemos estender algumas considerações sobre o fato de sediá-lo em 2014.

A Copa de 1950: uma autorreflexão coletiva depois da tragédia nacional

A Copa de 1950 é o ápice de um processo anterior de democratização no futebol, e é esse caminho exemplar que a derrota ameaçará. O futebol brasileiro já podia se apresentar ao mundo em 1950 como a mais bem acabada apropriação de um produto inglês. De 1933 a 1950 foram dezessete anos de uma ascensão linear do futebol profissional, que tivera como modelo o futebol europeu e, de forma mais próxima, o argentino e o uruguaio.

O destaque da atuação brasileira na Copa de 1938, com um time que refletia os avanços democratizantes do profissionalismo, estimulou intelectuais, mediadores da indústria cultural e o público crescente a iniciar uma construção de identidade nacional através do futebol. A competição esportiva fornecia o contexto para a exibição de qualidades nacionais que nos campos econômico e político ocupam ainda lugar periférico e subalterno.

O que vinha sendo observado desde os anos 1930 por folcloristas como a principal qualidade das artes e tradições populares era justamente sua capacidade de atualizarem-se através do corpo e de técnicas corporais, como ocorria com danças e folguedos. A Copa de 1938 serviu para evidenciar dois fenômenos originais da difusão futebolística no Brasil: o legado étnico negro e a incorporação da música e da dança na forma de se jogar; e parte dos intelectuais modernistas que, nos anos 1920, tinham detectado na música os critérios e as fontes de brasilidade via no futebol um novo campo de atividades, capaz de reunir uma prática urbana e moderna à autenticidade tradicional da cultura popular[2].

Essa incorporação de tradições inventadas consolidou-se em estilo próprio nos anos 1940. A Copa de 1950 seria o momento de mostrar isso ao mundo novamente, adequando a estética do estilo à vitória. Para o Brasil, era uma honra sediar um evento internacional desse porte. Após sua boa performance em 1938, a candidatura brasileira era oportuna diante da Europa do pós-guerra, em reconstrução. E erguer um estádio na capital federal marcava a responsabilidade prévia do país-sede antes mesmo de seu desempenho em campo. A organização da equipe se dá em torno do técnico Flávio Costa, que havia dirigido os dois clubes mais populares do Rio de Janeiro nos anos 1940, o Flamengo e o Vasco da Gama. A base da seleção era constituída por jogadores do Vasco, complementados por outros do Rio e alguns de São Paulo. E a rivalidade entre o Rio de Janeiro e São Paulo pela primazia no esporte ocupava os esforços políticos de montagem do time. Naquela Copa, foi se constituindo uma nova maneira de torcer: a presença de mulheres e crianças, de famílias inteiras, contrastava com o público masculino habitual. Além disso, as dimensões do estádio, que reuniu na partida final 10% da população do Rio na época, acabavam produzindo uma nova e marcante forma de sociabilidade, um sentimento coletivo de visualização imediata, construído de forma extraordinária. A cantoria de músicas de carnaval improvisadas no contexto dos jogos com uma organização de torcida pequena provocava a teatralização coletiva de um sentimento cultural e lúdico de nacionalidade dissociado da política e do contexto patriótico militar habitual.

A derrota na final, portanto, traumatizou essa construção coletiva. Com uma campanha muito melhor que a do time uruguaio, a seleção brasileira foi influenciada pelo público e pela imprensa, que davam a vitória como certa. Ao contrário das goleadas dos dois jogos anteriores, o empate

---

[2] Ver, entre outros, Luís Rodolfo da Paixão Vilhena, *Projeto e missão: o movimento folclórico brasileiro* (Rio de Janeiro, FGV, 1997); Bernardo Buarque de Hollanda, *O descobrimento do futebol: modernismo, regionalismo e paixão esportiva em José Lins do Rego* (Rio de Janeiro, Biblioteca Nacional, 2004); Leonardo Pereira, *Footballmania: uma história social do futebol no Rio de Janeiro (1902-1938)* (Rio de Janeiro, Nova Fronteira, 2000); e José Miguel Wisnik, *Veneno remédio: o futebol e o Brasil* (São Paulo, Companhia das Letras, 2008).

44 | Brasil em jogo

sem gols persistiu até o início do segundo tempo, quando o Brasil fez o primeiro gol. O público finalmente pôde explodir de alegria. Mas quando veio o empate, num contra-ataque uruguaio, o silêncio se apossou do estádio, incrédulo, e permaneceu nos momentos seguintes, num sentimento de decepção ante a ausência do que deveria ser uma exibição de gala. A sensação de medo parece contagiar a equipe, e o desempate uruguaio se dá em novo contra-ataque. Com o insucesso das desesperadas tentativas de empate nos minutos finais e o encerramento da partida, tem-se o silêncio coletivo e a emergência de um luto social muito intenso, desde a saída do estádio até os dias, meses e anos seguintes. Nenhuma outra final de Copa do Mundo produziu tal tragédia no público da casa. Somente a Suécia foi derrotada em 1958 pelo Brasil na final da Copa que ela organizou. Mas a seleção brasileira já se constituía como superior, e, à diferença da nossa, a nacionalidade sueca não se colocava através do futebol. Todos os outros países organizadores ou ganharam a Copa ou não disputaram as finais.

A derrota também pode ser um importante marcador de sentimento de nacionalidade, uma forma de compartilhar coletivamente uma dor profunda e culturalmente construída. Foi o caso da derrota da Copa de 1950, que recebeu as mais variadas explicações – desde o assédio aos jogadores por parte de políticos e da imprensa, que teria desconcentrado os atletas, até as instruções do técnico no sentido de não revidar às provocações dos uruguaios, o que teria contido a agressividade dos defensores brasileiros. Ao final, quem fortemente demonstrou *fair play* e civilidade foi a plateia, que permaneceu no estádio até a premiação da equipe vencedora e saiu em ordem, apesar da grande tristeza. Tal civilidade teve uma face de ação direta mais violenta, com a destruição do busto do prefeito da cidade, na entrada do estádio, entendida como uma usurpação política de um sentimento esportivo maior[3]. A civilidade do público acabou ganhando a imprensa internacional, tornando-se um consolo, assim como o foi o fato de a seleção ter sido considerada a melhor, incluindo o goleiro, Barbosa, eleito pela imprensa o melhor da competição. Mas a autocontenção em campo foi vista como falta de energia e de vontade, alegação que se somou a explicações conservadoras do pensamento social brasileiro sobre a inaptidão de negros e mestiços para competições. Não por acaso os gols uruguaios foram creditados como falhas de dois zagueiros e do goleiro, todos negros. Essa perspectiva

---

[3] Gisella Moura, *O Rio corre para o Maracanã: um estudo sobre o futebol e a identidade nacional* (Rio de Janeiro, FGV, 1998) e Paulo Perdigão, *Anatomia de uma derrota: 16 de julho de 1950 – Brasil x Uruguai* (Porto Alegre, L&PM, 2000).

estaria relacionada com as anteriores práticas dissimuladas de exclusão dos jogadores das classes populares, algo que parecia ter se enfraquecido com o sucesso dos clubes de maior popularidade nos anos 1930 e 1940. Originalmente constatada e criticada por Mario Filho, jornalista militante da democratização do futebol brasileiro, essa explicação é retomada por vários jornalistas e analistas sociais. A dificuldade na evidenciação do peso dos estereótipos se dá pelo fato de constituírem um senso comum oral e muitas vezes sutil. A elaboração de intelectuais como Gilberto Freyre, a propósito das características de marcador da nacionalidade fornecidas pelo futebol brasileiro, poderia ser interpretada por sua homologia com técnicas corporais advindas de uma socialização através de práticas tradicionais tidas como folclóricas. Também poderia ser feita uma interpretação substancialista, da contribuição da raça e da etnia negra ao futebol brasileiro, como resposta a seus adversários racistas – o que cairia, contudo, na armadilha de se centrar menos nas relações que nas substâncias. Esses argumentos voltam à cena com a derrota de 1950, numa reflexão de autoculpabilização coletiva, erudita (proveniente do darwinismo social) e popular, sobre as alegadas deficiências da mestiçagem do povo brasileiro. Não é à toa que Nelson Rodrigues denomina esse sentimento autodepreciativo de "complexo de vira-latas", a fim de combatê-lo às vésperas da Copa de 1958 e antever o sucesso do futebol brasileiro. A própria atuação da seleção durante essa edição parece fornecer, através de suas modificações internas, a vitória final da inversão da estigmatização anterior, com a progressiva "morenização" dos jogadores – vide Pelé, Garrincha, Vavá, Zito e Djalma Santos.

A vitória finalmente alcançada em 1958 e repetida em 1962 e 1970 pôde ter seus efeitos incorporados a um forte sentimento de nacionalidade graças também ao sofrimento e à reflexão coletiva advindos da derrota de 1950. Essa alternância entre grande oportunidade perdida em casa e vitórias no exterior na continuidade de um mesmo estilo de jogo acabou proporcionando algo de uma exibição das qualidades nacionais, em que características culturais se imprimem nas técnicas corporais dentro dos limites possíveis das regras do jogo.

A Copa de 1998 e a politização da derrota que renega a tradição conquistada

A interpretação da derrota da Copa de 1998, a única na final além da de 1950, difere da anterior. Aí não mais se elabora um processo de culpabilização de jogadores, como representantes das carências populares

46 | Brasil em jogo

e da nacionalidade brasileira. A explicação da derrota voltou-se para a estrutura de profissionalização e do comercialismo globalizado do futebol, assim como seu mau uso pelos dirigentes do esporte.

Na Copa de 1998 está no auge um processo de internacionalização dos jogadores de futebol iniciado nos anos 1980. A grande era do futebol brasileiro se deu quando os jogadores faziam carreira no Brasil. Na segunda metade dos anos 1980 e nos anos 1990, a maioria dos grandes jogadores brasileiros estava em clubes estrangeiros. Também os técnicos e seus auxiliares, com muito menos chances que os jogadores no futebol europeu, passaram a ir para o Oriente Médio a partir dos anos 1970, abrindo uma rede secundária para jogadores. Técnicos de seleção brasileira como Zagallo, Parreira, Telê Santana e Felipão estiveram nesses países e ali constituíram um bom patrimônio.

Assim como em 1950, as vésperas da final de 1998 foram decisivas. Enquanto em 1950 a concentração da seleção era invadida por políticos e jornalistas, a derrota de 1998 teria início no descanso após o almoço do próprio dia da decisão. E sobre o jogador Ronaldo parecia se concentrar todo o *stress* vivido pela equipe nas contingências do futebol globalizado. Além da pressão dos contratos, por diferentes empresas, que criava tensão e dividia o time, sobre Ronaldo pesava ainda, além do joelho machucado e da vigilância da imprensa sobre sua então namorada, um histórico pessoal de sonambulismo. Esse distúrbio do sono teria provocado uma convulsão – de diagnóstico controverso –, que, assistida pelos jogadores, teria desequilibrado emocionalmente a equipe. A falta de informações entre a equipe dirigente e os jogadores no desenrolar da crise que acometeu Ronaldo levou à desorientação completa do time[4].

Ao contrário da partida de 1950, em 1998 o Brasil jogou contra a torcida majoritária da casa. Irreconhecível em campo, a seleção perdia por 2 x 0 já no fim do primeiro tempo. Sem conseguir reverter a situação, levou mais um gol ao final da partida. Toda a equipe esteve mal, e não foi possível associar as falhas a um ou outro jogador como em 1950. Mas Ronaldo, por seu distúrbio de saúde, atraiu a responsabilidade da derrota.

Em sua trajetória peculiar, Ronaldo carrega muitas características do padrão tradicional dos jogadores brasileiros. Morador do subúrbio humilde do Rio, tinha dificuldades financeiras para treinar no futebol de

---

[4] Jorge Caldeira, *Ronaldo: glória e drama no futebol globalizado* (São Paulo, Editora 34, 2002).

salão e na equipe do São Cristóvão, time tradicional da segunda divisão carioca – onde, pelas mãos do ex-campeão de 1970 Jairzinho, conseguiu se fazer notar por "olheiros" da CBF e ser convocado para a seleção brasileira sub-17 para disputar um torneio sul-americano. Como Pelé, Ronaldo foi convocado para a Copa de 1994 com 16 anos de idade, mas diferentemente do Rei, não jogou. Além disso, enquanto Pelé permaneceria no Santos nas Copas seguintes, Ronaldo já havia sido transferido para o PSV de Eindhoven, na Holanda, e, depois, iria para o Barcelona e para a Inter de Milão. Através de seus empresários, assinou sucessivos contratos com empresas de renome mundial, incluindo a Nike, que via na seleção brasileira importante foco de investimentos.

No momento da derrota para a França, Ronaldo simbolizava as contradições do futebol globalizado. Os altos salários tinham por contrapartida bons desempenhos nos clubes e eventualmente na seleção, mas o ritmo acelerado de treinos, jogos e negócios instalaram fortes incompatibilidades e dramas no corpo do jogador. Ele era, além disso, a ilustração mais radicalizada e bem-sucedida daquilo que estava ocorrendo com inúmeros jogadores do futebol brasileiro e de outros países periféricos. O crescente comercialismo associado à era do alcance mundial das transmissões televisivas e dos contratos milionários de imagem publicitária não só quebra o equilíbrio dos clubes nacionais como alimenta a importância do esporte perante grandes parcelas da população jovem. Cria-se assim um circuito restrito de superjogadores hiper-remunerados, esvaziando precocemente o esporte local[5].

As explicações da derrota de 1998 também diferiam daquelas que se produziram em 1950. Assim como em 1950, identificava-se a arrogância do favoritismo. Mas com a grande diferença de que, com as quatro vitórias anteriores, já havia sido incorporada uma história de sucesso. Esse autofavoritismo era potencializado pela promoção feita em torno da seleção pela imprensa internacional e pelos patrocinadores, tornando-a uma atração à parte, bastante explorada em anúncios publicitários. Assim, as explicações visavam menos os jogadores (supostos representantes de um povo com baixa autoestima e em busca de sua identidade coletiva, como apontado em 1950) e mais os dirigentes, que haviam gerido mal todo o favoritismo. Ronaldo, centro do drama, era visto como a engrenagem partida de uma

---

[5] José Sergio Leite Lopes, "Considerações em torno das transformações do profissionalismo no futebol a partir da observação da Copa de 1998", *Estudos Históricos*, n. 23, set. 1999.

48 | Brasil em jogo

estrutura maior, da qual se destacava uma administração sem transparência ou prestação de contas e com contratos secretos com a Nike. Também os jogadores foram considerados mercenários, que, sem suficiente amor à camisa, jogavam em times estrangeiros por salários milionários[6].

A inconformidade com o desfecho da final de 1998 acabou trazendo assim uma politização das explicações da derrota. A identidade nacional através do futebol, consolidada nas décadas anteriores, não estava ameaçada como em 1950. Em 1970, o início da transmissão direta pela TV fornece uma visibilidade inédita para o público geral. Daquele ano, alguns autores destacam ainda a paradoxal autonomia relativa dos jogadores, após a passagem de João Saldanha pela seleção, ante o contexto militar. Tal participação ativa por parte dos jogadores dava continuidade à tradição de experiências como a da equipe de 1958 e as do Botafogo e do Santos dos anos 1960, sucedidas pela experiência da "democracia corinthiana" do início dos anos 1980, quando o país atravessava um período de redemocratização e de força dos movimentos sociais[7]. Em 1994 a equipe vence, o que contribui para o favoritismo de 1998. Mas a derrota não significa um julgamento negativo do povo representado pelos jogadores. Agora não há mais essa representação, e é justamente esse ato de delegação que se põe em questão, pela ação duvidosa dos dirigentes, por suspeitas de corrupção, por falta de empenho dos jogadores. A derrota de 1998 desencadeia então um processo que leva a duas Comissões Parlamentares de Inquérito no Congresso Nacional, uma na Câmara dos Deputados, para investigar o contrato entre CBF e Nike, e outra no Senado, tendo por objeto os negócios ilegais envolvendo dirigentes.

2002 e depois: uma vitória, um novo ciclo de derrotas e as singularidades de sediar a Copa pela segunda vez

Embora a participação brasileira na Copa de 2002 se desse no mesmo contexto do futebol globalizado e de crise recente do futebol nacional, as provações passadas pela seleção foram capazes de fortalecer a equipe, levando-a à vitória final contra a Alemanha, num duelo inédito entre as duas seleções que mais Copas haviam ganhado. Os fracassos da seleção nesse interregno entre a Copa de 1998 e as vésperas da de 2002 pareciam refletir a

---

[6] Simoni Guedes, *O Brasil no campo de futebol: estudos antropológicos sobre os significados do futebol brasileiro* (Niterói, UFF, 1998).

[7] Ver artigo de José Paulo Florenzano para a *Revista Aurora* (PUC-SP), n. 9, disponível em: <revistas.pucsp.br/index.php/aurora/article/viewFile/3757/2457>.

crise política de toda a organização do futebol brasileiro, vasculhada pelas citadas CPIs. A fraca atuação da seleção nas eliminatórias foi o ápice desse longo percurso de insucessos, com entrada e saída de técnicos, até o recurso de última hora à equipe de Felipão. Essa situação de pressão e descrédito da seleção no início da Copa criou, paradoxalmente, um sentimento de união na equipe, uma vez que a colocava numa posição de inferioridade mas também de luta, o que atenuava a conjuntura de privilégios e rivalidades internas inerente às condições de trabalho dos superjogadores globalizados. Isso reproduziu algo da situação de 1958, 1970 e 1994, quando a seleção partia de uma posição de descrédito. E novamente Ronaldo, que estivera às voltas com a perspectiva de ter de parar de jogar devido a uma série de cirurgias, pôde servir de símbolo, dessa vez de tenacidade (do jogador, do treinador e da equipe médica), reforçando a união da equipe. Além disso, as provações vividas por jogadores de renome e alta remuneração no período, passados por uma ascensão social rápida, fizeram-nos lembrar da origem social proletária da grande maioria deles – vide o emblemático "100% Jardim Irene", estampado na camisa do capitão Cafu quando ergueu a taça de 2002. Aquilo que o público reclamava em relação à seleção de 1998 era justamente corrigido e oferecido de volta pela equipe de 2002: ascetismo, tenacidade, espírito de equipe e sacrifício, além da referência à origem modesta como homenagem ao próprio povo brasileiro.

As derrotas de 1950 e 1998 provocaram, portanto, uma reflexão coletiva que só fez dramatizar e valorizar as vitórias posteriores. As repercussões da derrota de 1950 salientaram um recuo pessimista e culpabilizado, relativo ao otimismo da descoberta do futebol brasileiro desde 1938 como um "folclore nascente" e incorporado ao esporte moderno, nacionalmente apropriado. Ao longo dos anos 1950, a força da democratização no recrutamento dos jogadores e o aperfeiçoamento da organização técnica e administrativa da seleção acabaram valorizados pelo sofrimento anterior. Da mesma forma, a politização das interpretações das causas da derrota de 1998, que questionava judicialmente a direção do futebol brasileiro, visava restaurar a honra e a tradição da seleção mais premiada por Copas do Mundo. O rico futebol globalizado brasileiro teve então de curvar-se simbolicamente, em 2002, em direção às origens sociais modestas da maioria de seus jogadores, para a satisfação dos mitos originários do esporte.

Sediar a Copa em 2014 é muito diferente. Assim como em 1950, o país foi acionado pela Fifa depois de crises europeias – em 1950 pelo pós-guerra e em 2014 pelas consequências da crise mundial de 2008. No entanto, 64 anos depois, ser o país-sede significa dar conta do aumento da complexidade dos compromissos assumidos pelo Estado brasileiro com a Fifa, dadas as dimensões tomadas hoje pelo futebol capitalista globalizado. Já na Copa de 1998 a seleção brasileira estava na crista dos patrocínios e da publicidade, e recebeu em cheio as consequências desestabilizadoras dessa posição. Na Copa de 2014 são o Estado e suas cidades-sede que sofrem o impacto do sistema Fifa e suas patrocinadoras multinacionais. Na altura em que escrevo, em maio de 2014, o que já se pode dizer é que efeitos advindos do processo de sediar a Copa propiciaram um ciclo de manifestações públicas de grande importância por melhorias das políticas públicas, forçando governos eleitos com base em compromissos com os movimentos sociais a tratarem de destravar suas amarras conservadoras fruto de suas alianças. Em vez da contabilidade simples de custos e benefícios, dos supostos legados, o processo de sediar a Copa tem envolvido a legitimidade dos governantes e das elites econômicas, bem como dos usos da violência das forças policiais diante de cidadãos mobilizados através de meios de comunicação informáticos disseminados. Em vez das esperadas vantagens econômicas e monetárias, a Copa fez surgir uma economia moral, um catalizador de reivindicações[8]. Não é à toa que toda essa mobilização tenha ocorrido tendo o futebol como pano de fundo, um esporte hoje dividido entre monopólios do sistema Fifa, por um lado, e sua concepção popular tão entranhada na identidade nacional, por outro. O fato de ter propiciado o debate e a mobilização pública talvez seja um dos "legados" mais interessantes, ainda que inesperado, dessa Copa de 2014.

---

[8] Arlei Damo e Ruben Oliven, "O Brasil no horizonte dos megaeventos esportivos de 2014 e 2016", *Horizontes Antropológicos*, Porto Alegre, ano 19, n. 40, jul.-dez. 2013, p. 19-64.

A máfia dos esportes
e o capitalismo global*
Andrew Jennings

Devo dizer uma coisa logo de cara: sou um criminoso, um criminoso convicto. E este é meu crime: um tribunal em Lausanne, na Suíça, deliberou dez anos atrás que eu havia demonstrado "profundo desprezo para com o COI, seu presidente e seus membros, criticando suas personalidades, seu comportamento e sua gestão". Eu era culpado de contar mentiras em benefício próprio. Sou um criminoso porque disse a verdade. Porque revelei que o então presidente do Comitê Olímpico Internacional (COI), Juan Antonio Samaranch, era um fascista de carteirinha, com um passado ligado ao ditador Francisco Franco.

Disse que Sepp Blatter, atual presidente da Fifa, paga um bônus especial a si mesmo. Expus os bastidores da articulação envolvendo Franz Beckenbauer que deu à Alemanha o direito de sediar a Copa de 2006. Revelei um propinoduto de centenas de milhares de dólares que beneficiava, entre outros cartolas, João Havelange e seu cunhado, Ricardo Teixeira. É verdade. Teixeira, certo dia, apareceu na Fifa com uma maleta com US$ 400 mil em dinheiro vivo que até hoje ninguém sabe dizer de onde veio! Mas criminoso sou eu, não eles.

---

* Tradução de Artur Renzo. (N. E.)

52 | Brasil em jogo

E mais: o COI e a Fifa me baniram. Das coletivas de imprensa, de cobrir suas reuniões, de fazer meu trabalho como jornalista. Teixeira colocou os advogados da Fifa pra tentar proibir que meu novo livro, *Um jogo ainda mais sujo**, denunciando o esquema fraudulento na comercialização de ingressos para a Copa do Mundo, chegasse às livrarias brasileiras. E se você acha que tudo isso está soando um pouco excessivo – um pouco, digamos, totalitário – veja esta: eles ilegalmente obtiveram meus registros telefônicos, identificaram alguns de meus contatos e usaram suas ligações na polícia para tentar sujar o nome de amigos meus. Às vezes brinco que desde que me tornei *persona non grata* nunca estive mais perto da Fifa – eles estão comigo em cada telefonema que faço!

Aprendi minha profissão investigando empresários corruptos. Durante o caso Irã-Contras, pesquisei serviços secretos de inteligência. Ao longo da década de 1980 explorei a corrupção entre policiais do alto escalão em Londres e revelei suas relações com os gângsteres que eles deveriam estar perseguindo. Investiguei a máfia em Palermo e suas remessas de heroína à capital inglesa. Quando comecei a investigar o COI, há mais de vinte anos, alguns de meus amigos jornalistas riram: "Esporte? Nós investigamos governos, grandes negócios, a polícia. Por que ir futucar no esporte?". E eu disse: "Organizações esportivas estão na esfera pública. São financiadas por dinheiro público, detêm poder. Por que deveriam ficar isentas do exame crítico?".

A lacuna que identifiquei entre os holofotes olímpicos e seus bastidores me mobilizou tanto que mal conseguia dormir à noite. Fui descobrindo que o funcionamento do COI não é muito diferente do da Fifa e que figurões de ambas as entidades reapareciam frequentemente nas mesmas cenas obscuras. Continuei farejando, aprendendo mais sobre o esporte mundial, ponderando a fissura entre o público e o privado, e vi que a história ia mais fundo – e era sombria.

Estudei Horst Dassler, antigo chefe da Adidas. Aprendi como ele começou, na década de 1960, a investir tempo, dinheiro e as influências de sua companhia para colocar homens úteis em cargos de poder. Ele empregou uma equipe secreta de *fixers* [arranjadores], a fim de manipular eleições, e assim os homens de Dassler saltaram ao topo do mundo da política nos esportes. Foi o dinheiro da Adidas que garantiu a João Havelange a presidência da Fifa em 1974.

---

* São Paulo, Panda Books, 2014. (N. E.)

E eis o que Dassler queria em troca: contratos exclusivos para a International Sport and Leisure (ISL), a companhia de marketing esportivo que ele havia fundado, e dominação mundial para sua companhia de artigos esportivos, a Adidas. Instalou-se um esquema de corrupção sem precedentes no mundo do esporte. Os jogos foram privatizados e a ISL ficou com direitos exclusivos de vender a Copa do Mundo aos patrocinadores. Dassler era um visionário. Ele compreendeu muito cedo a importância de ter alianças estratégicas. Mas, mais do que isso, a verdadeira natureza e o valor das alianças de Dassler estavam no fato de serem secretas.

Juan Antonio Samaranch era um desses homens estratégicos de Dassler. O imperativo comercial de Dassler e as habilidades fascistas de Samaranch funcionaram lindamente juntos. Os valores que formaram Samaranch – totalitarismo, repressão, respeito ao capitalismo e tudo mais – estavam em perfeita harmonia com a forma pela qual as Olimpíadas realmente operavam. O fascismo desses homens não era uma aberração. Era sua suprema qualificação para o cargo.

Por isso não é de espantar que quem assumiu a presidência da CBF depois de Teixeira finalmente ter renunciado foi alguém como José Maria Marin. Aquele velhinho simpático flagrado dois anos atrás embolsando uma das medalhas que deveriam ser entregues aos vencedores da Copa São Paulo de Futebol Júnior, lembram? Pois é. Ele, que integra o Comitê Organizador Local da Copa de 2014 no Brasil, foi também um figurão da ditadura militar, amigo do torturador Sérgio Fleury. Escrevi sobre como um discurso seu foi decisivo para a prisão, tortura e morte do jornalista Vladimir Herzog. As relações de João Havelange com alguns dos ditadores mais assassinos do Cone Sul também são conhecidas.

Gostaria de dizer que suei muito pra descobrir isso tudo, mas o pior é que não foi tão difícil. O passado fascista de Samaranch e de José Maria Marin eram fatos. Tudo o que fiz foi olhar para eles. Sem pressa, sem concorrência. Os jornalistas especializados já estavam de mãos cheias. Cheios de *releases* oficiais de imprensa e esperança de um dia se tornarem porta-vozes ou assessores dos sujeitos sobre os quais escreviam. Vez ou outra as cidades concorrentes reclamavam de ter de comprar votos do COI. A informação estava lá. Mas ninguém falou nada a respeito até o escândalo de Salt Lake*, quando o fedor estava tão grande que o próprio presidente do COI teve de admitir. Por fim, a corrupção institucionalizada

---

* Ver "Cronologia dos megaventos esportivos", na p. 89 deste volume. (N. E.)

do COI havia atingido as manchetes mundiais. Rapidamente Samaranch anunciou um "programa de reformas". Foi aí que aprendi que o esporte era muito maior e mais importante do que jamais imaginara.

O programa de reformas de Samaranch era organizado pela Hill & Knowlton Strategies, empresa multinacional de relações públicas, e um de seus figurões era ninguém menos do que Henry Kissinger. Esse não é o tipo de gente que você chama pra lançar uma nova marca de rímel. A Hill & Knowlton possui *spin-doctors*, os "assessores de imagem" que o capitalismo global convoca quando está em apuros. Quando as grandes empresas por trás do tabaco queriam que acreditássemos que fumar não era uma questão de saúde, chamaram a Hill & Knowlton. E Kissinger não mudou desde que fez seu nome bombardeando o Camboja, pavimentando o mundo para o capital estadunidense. Ele não se aposentou, virou *free-lancer*! Sua firma de consultoria internacional, a Kissinger Associates, aconselhou, entre outros gigantes, a Coca-Cola, a American Express, a Freeport-McMoRanMinerals e a J.P. Morgan-Chase.

Quando o escândalo de Salt Lake estourou, os interesses mais atingidos foram aqueles das corporações que detinham as marcas: Coca-Cola, IBM, Kodak, McDonald's, Panasonic, Visa... Não eram só as centenas de milhões de dólares investidas nesse evento em particular que estavam ameaçadas. O valor de suas marcas também estava em risco. As Olimpíadas estavam em apuros, logo, as corporações estavam em apuros.

Então os supremos mercenários de manipulação mental do capital, Kissinger e a Hill & Knowlton, vieram ao resgate. Depois de meses de "discussões", apresentaram-se as "cinquenta reformas". O programa contava com medidas radicais como "uma substancial exibição ambulante da história e do movimento olímpico a ser instalado nas cidades-sede", e outras alterações "profundas" como a demanda de "maior reconhecimento da importância educacional do revezamento da tocha olímpica".

As aparências mudam, o jogo se reconfigura para permanecer o mesmo. Nos últimos anos antes de quebrar, a ISL ocupava um belo bloco de escritórios em Zug, na Suíça. Há uma nova companhia de marketing esportivo lá agora, no mesmo lugar. Chama-se Infront, que detém contratos de transmissão e de vendas semelhantes aos da ISL. Como conseguiram esse incrível negócio? Não vou entrar em detalhes, mas dou uma dica: o atual CEO da Infront é Philippe Blatter, sobrinho de nosso amigo Sepp Blatter.

Mas por que o capital gosta tanto de esporte? Esta é minha teoria. O esporte é tão velho quanto nós. É como treinamos para a caça e para a batalha. É uma de nossas formas de diversão. Para alguns, é parte do ritual de acasalamento... Quando assistimos a esportes, somos mais que meros espectadores. Quando Pelé fez o gol, fui eu que fiz o gol. Quando Ali nocauteou Sonny Liston, foram os jovens negros de todos os Estados Unidos que deram aquele golpe. Quando estamos curtindo o esporte, estamos completamente abertos, vulneráveis. E é assim que o grande capital gosta que estejamos.

Lembrem-se do que disse Antonio Gramsci: "Como ter uma revolução quando o inimigo tem um posto avançado em sua mente?". O esporte dá às corporações esse posto avançado em nossas mentes. Tradicionalmente, a Coca-Cola era vista como símbolo da exploração capitalista. Os movimentos populares organizados contra o imperialismo estadunidense nos países em desenvolvimento não iam bater de frente com os soldados armados das embaixadas dos Estados Unidos. Marchavam até a fábrica local da Coca e tacavam fogo no lugar. Por que não fazem mais isso? Vá até qualquer evento de futebol em algum país em desenvolvimento. Estará saturado de emblemas e *slogans* da Coca-Cola. O revezamento da tocha olímpica foi vendido à Coca há muito tempo. Hoje, é ela que traz a taça da Fifa a você, o *"tour* do troféu da Copa". O que é David Beckham? Eu diria que ele é uma marca. E sua riqueza pessoal estupenda? Isso reflete como seu sucesso em campo, sua beleza física e as fofocas sobre sua vida "privada" combinam para produzir um poder forte o suficiente para nos levar a comprar Vodafone ou Gillette. David Beckham, a marca, é uma ferramenta do capitalismo – capitalismo cuja sobrevivência depende de crescimento a qualquer custo. E então, tocar o futebol mundial é hoje uma operação destinada a servir às corporações.

Corporações precisam atingir milhões de consumidores, o que exige, portanto, muita audiência televisiva. Multidões exigem heróis artilheiros, recordistas. A raça humana evolui devagar demais para quebrar recordes com a frequência satisfatória. E aí vêm os médicos do *doping* com a cura. Esportistas não precisam de *doping*. Patrocinadores precisam. E o mesmo vale para o futebol... O jogo bonito. E é, não é? Quando você assiste a futebol de classe, e vê a cabeçada perfeita encontrar o cruzamento perfeito, e a bola voando para dentro do gol. Não é lindo? Quando você vê as crianças jogando bola na rua, discutindo para ver quem vai ser o Ronaldo... Não vê beleza aí? As corporações veem também, e sabem como usá-la.

Os esportes – e em especial o futebol, o mais popular de todos – tornaram-se uma arma essencial na criação de novos mercados globais e, no âmbito nacional, na penetração de identidades e resistências. O conceito de esportes "universais", altamente competitivos, nutrido nas nações capitalistas avançadas, foi implantado para transcender barreiras culturais e regulatórias ao redor do mundo. O capital encontrou no esporte uma forma de se legitimar e de se camuflar.

Os intermediários – as agências de marketing – secretamente lavavam os subornos que alinharam as mentes por trás do esporte com as necessidades das marcas globais. A ISL foi a intermediária criada com uma dupla função: entregar o esporte de forma aceitável ao capitalismo e transmitir propinas aos oficiais que assinavam os contratos. Nada ilegal havia acontecido. Eles estavam todos se movendo em direção a um mundo extraterritorial com pouca imprensa ou crivo regulatório, com uma determinação candente de lucrar com o esporte. Esse lucro nem sempre foi medido em dólares; influência e hegemonia se mostrariam tão importantes quanto. Dominação cultural garantiria os objetivos do capitalismo.

Quando a Rede Globo recebeu no ano passado uma multa equivalente a R$ 615 milhões da Receita Federal por sonegação na compra dos direitos de transmissão da Copa de 2002, alegou que a negociação com a ISL e a Kirsh via paraíso fiscal não era crime, mas simplesmente um "planejamento tributário". Hoje, "parceiros" como Visa, Adidas, McDonald's e Samsung, entre outros, conseguem uma fantástica isenção fiscal de exceção por meio da "lei da Fifa"*. Romário lutou contra ela, mas Dilma forçou sua aprovação. Se eles não pagam os impostos, os brasileiros pagam. E isso é roubo!

Se a corrupção é definida como o abuso do ofício público para benefício próprio, então, na minha opinião, a Fifa criou um modelo institucionalizado de corrupção global. A Fifa exporta corrupção de Zurique ao mundo. Junto ao COI, reivindica "autonomia" para o esporte, alegando que governos não devem ter permissão de interferir na "independência" das federações esportivas. E a sugestão de que essas federações devem operar acima da lei é aceita pela maior parte dos governos, na maior parte do tempo. Até quando?

---

* No caso do Brasil, aplicada por meio da Lei Geral da Copa, n. 12.663/2012. Ver, entre outros, o artigo de Jorge Luiz Souto Maior neste volume. (N. E.)

Para além dos Jogos: os grandes eventos esportivos e a agenda do desenvolvimento nacional

Luis Fernandes

A motivação do Brasil para sediar a Copa do Mundo e as Olimpíadas – os dois maiores eventos esportivos e midiáticos do planeta – não foi obter a aprovação mundial como anfitrião de grandes eventos, ou passar nos testes de logística e organização, embora estes sejam quesitos de fundamental importância. A oportunidade de sediar os dois megaeventos em sequência não se resume à construção e à modernização de estádios e equipamentos esportivos. O que motivou o Brasil a recebê-los foi identificar neles uma chance única, uma janela singular e histórica de oportunidades, para fortalecer e acelerar seu desenvolvimento.

Os países centrais se valem de uma infraestrutura de serviços prévia na ocasião de sediar os Jogos – o papel desempenhado nos Jogos Olímpicos de 2012 pelo sistema de transporte público de Londres, criação do século XIX, quando a Inglaterra se tornou a "oficina" do mundo por seu papel precursor e dominante na Revolução Industrial, é um exemplo disso. O Brasil do século XXI é um país em desenvolvimento, de dimensões continentais. A realização dos Jogos aqui se constitui em oportunidade para, simultaneamente, organizar os eventos de maior repercussão do planeta e

58 | Brasil em jogo

acelerar a montagem da infraestrutura necessária para o desenvolvimento do país, além de propiciar o fortalecimento e a expansão de políticas públicas garantidoras de direitos de cidadania e alavancar cadeias produtivas e inovadoras, em âmbito nacional e regional.

Nas condições enfrentadas pelo Brasil, o esforço de estruturação de um novo projeto de desenvolvimento nacional se confronta com pesadas heranças do período neoliberal anterior, que procurou amarrar o país aos circuitos globais de acumulação financeira – a aceleração e a intensificação dos investimentos em infraestrutura no contexto da organização dos megaeventos fortalece o polo dentro do governo, da economia e da sociedade brasileira, de forma a destravar os investimentos públicos e privados para inaugurar um novo e duradouro ciclo de desenvolvimento nacional. Nesse contexto, realizar os jogos do Mundial nas cinco regiões do país foi uma decisão estratégica, tomada em consonância com o objetivo de implantar um programa de desenvolvimento que irá transformar não apenas as doze cidades-sede, mas o país como um todo. É essa a compreensão que consubstancia o conceito de nacionalização dos grandes eventos: propiciar a irradiação de investimentos para além do Rio de Janeiro – no caso dos Jogos Olímpicos e Paraolímpicos – e das doze capitais, no caso da Copa do Mundo.

O reconhecimento dessa oportunidade histórica nos remete a conquistas extrapolam os Jogos e, consequentemente, o tema dos legados: conquistas para a sociedade que recebem os jogos e que fazem valer todo o esforço em sediá-los. Se no campo esportivo o objetivo é alçar o Brasil ao patamar das potências olímpicas de forma sustentável e perene, no âmbito geral é dotar a nação de musculatura social e logística capaz de garantir o desenvolvimento sustentável de nossas economia e sociedade.

Para que esses resultados se materializem é necessário que a oportunidade histórica fornecida pelos megaeventos esportivos seja reconhecida tanto pelos dirigentes públicos quanto pela sociedade brasileira. Pelos dirigentes, porque a realização desse legado depende da implementação de políticas públicas, nos três níveis de governo, de forma a possibilitar o desenvolvimento de projetos estruturantes em distintas dimensões. E pela sociedade porque os legados contemplam anseios e demandas populares, inclusive os expressos nas manifestações de junho de 2013.

Na dimensão urbana, as iniciativas geradoras de legado visam garantir melhores condições de vida nas cidades, com projetos estruturantes de mobilidade (transporte público), saneamento e habitação. Em termos de logística e de infraestrutura, objetivam erguer, modernizar e ampliar equipamentos e serviços que gerem um melhor ambiente para a realização dos eventos, mas que permaneçam como benefícios permanentes para a sociedade. Na economia, fomentam o crescimento, a redução de desigualdades e a geração de empregos pela realização de novos negócios e pela criação de produtos e serviços inovadores. No campo esportivo, têm como meta a construção e a modernização das instalações que sediarão os jogos, a ampliação da infraestrutura e a implementação de políticas de fomento para a atividade esportiva em todo o país. Na área social, têm como meta a ampliação dos direitos do cidadão e a melhoria da qualidade dos serviços públicos em educação, saúde, acessibilidade, segurança e defesa. Na esfera sociocultural, objetivam a valorização da identidade e da autoestima nacional, em suas múltiplas e variadas expressões. Para o meio ambiente, trazem a incorporação do princípio de sustentabilidade ao conjunto de empreendimentos e iniciativas associados aos eventos. E na dimensão política, consolidam um novo e fundamental modelo de gestão integrada entre os três níveis de governo do Estado brasileiro.

O legado em construção

O Plano Estratégico de Investimentos do Estado brasileiro para os dois eventos está materializado na Matriz de Responsabilidades da Copa do Mundo e no Plano de Aceleração de Investimentos em Políticas Públicas dos Jogos Olímpicos e Paraolímpicos. Em ambos os casos, esses investimentos recebem tratamento especial do Estado, não mais contando para cálculo dos limites de endividamento dos entes da Federação e podendo ser contratados através do sistema mais ágil do Regime Diferenciado de Contratações (RDC). O objetivo é destravar investimentos públicos necessários para o desenvolvimento nacional e viabilizar seu impacto estruturante, subtraindo esses recursos dos circuitos de acumulação *rentista* associados ao mecanismo do superávit primário das contas públicas. Ao contrário do que afirma a cobertura dominante na mídia monopolista – porta-voz desses mesmos interesses rentistas – o grosso dos recursos públicos mobilizados no contexto da preparação não constitui "custo" da Copa ou dos Jogos Olímpicos, e sim investimentos produtivos em infraestrutura nacional definidos de forma autônoma pelo Estado brasileiro.

As arenas multiuso, fundamentais para a modernização do negócio futebolístico, são parte desse Plano Estratégico de Investimentos, mas estão longe de ser a vertente principal. A mobilidade urbana, com obras de novos sistemas viários e de transporte público (BRT, VLT e metrô,

60 | Brasil em jogo

entre outros), configura-se como o destaque de um plano que projeta no horizonte a transformação da qualidade de vida dos habitantes de nossas cidades. Os aeroportos, com demanda crescente graças à ascensão social de camadas beneficiadas pelo crescimento econômico e pela redução da desigualdade no país, necessitavam de ampliação e aprimoramento da gestão, independentemente da realização dos grandes eventos esportivos. Já os portos ganham espaço e estrutura para receber cruzeiros internacionais e intensificar o turismo interno.

No setor de telecomunicações, a realização do Mundial acelerou a implementação do Programa Nacional de Banda Larga (PNBL) no país, ampliando o acesso de grande parte da população à tecnologia. As doze cidades-sede receberam cabeamento de fibra ótica para comportar o tráfego de informações gerado pelo evento. Em função dos investimentos realizados, pela primeira vez as universidades e os institutos de pesquisa da região amazônica passaram a estar plenamente conectados por fibra ótica à Rede Nacional de Pesquisa (RNP). No âmbito nacional, a rede implantada tem potencial de atendimento de 11.183.504 domicílios urbanos das cidades-sede, o equivalente a 22,7% do total de domicílios urbanos brasileiros. A ampliação das telecomunicações gerou ainda legados para além das cidades-sede, pois as operadoras que venceram as licitações para implementação da telefonia móvel 4G nas cidades tiveram de oferecer, como contrapartida, serviços de cobertura para atender as áreas rurais do país.

No Mundial, as doze sedes serão abarcadas. Mais do que agregar confiabilidade às ligações telefônicas e velocidade aos aplicativos e *downloads* executados pelos celulares, trata-se de estruturar uma base tecnológica para abrir portas ao desenvolvimento econômico. O plano de banda larga diminui as distâncias físicas, amplia a oferta de oportunidades de negócio e, como consequência, atua como vetor para reduzir as desigualdades regionais. Tudo isso num cenário que se completa com importantes investimentos da iniciativa privada.

A realização dos Jogos apresenta oportunidades para investimento na regeneração e no desenvolvimento de áreas degradadas de nossos centros urbanos. No Rio de Janeiro, o projeto Porto Maravilha vem recuperar e vitalizar o centro histórico da cidade, inaugurando uma área marcada tanto pela beleza quanto pela funcionalidade, ao mesmo tempo residencial e comercial, doméstica e turística. Outro exemplo carioca pode ser conferido em Deodoro. Legado dos Jogos Pan-Americanos de 2007, o centro esportivo foi alçado à condição de Complexo Olímpico – complementar ao parque principal, na

Barra da Tijuca – e já é responsável pela descoberta de talentos em modalidades há pouco tempo ainda desconhecidas no Brasil, como o hóquei sobre a grama, o tiro esportivo e o pentatlo moderno. O desenvolvimento do complexo esportivo alavancará a região como um todo, detentora até aqui dos mais baixos indicadores de desenvolvimento humano da cidade.

Itaquera, bairro paulistano com os mais baixos índices de desenvolvimento social, foi escolhido como palco da abertura da Copa do Mundo. A nova arena impulsiona um rol de investimentos que dotará a área de uma universidade, conjuntos residenciais e infraestrutura urbana renovada. Pernambuco segue o mesmo caminho, ao erguer o estádio do Mundial em São Lourenço da Mata, município vizinho a Recife, com o objetivo de espalhar o crescimento econômico para além da capital. No mesmo sentido, a Copa e as Olimpíadas têm o poder de catalisar ações e projetos que já integravam o Programa de Aceleração de Crescimento (PAC) e encontraram, nos megaeventos, o ambiente ideal para sair do papel.

Os jogos da Copa foram responsáveis, mesmo antes de terem início, por uma mudança substantiva na operação de 40 mil micro e pequenas empresas. O Programa Sebrae 2014, através de um sistema de *coaching*, preparou essas empresas segundo critérios de competitividade para apresentá-las a potenciais compradores de serviço – hotéis credenciados pela Fifa, empresas da construção civil –, em rodas de negócios que renderam, até o fechamento deste texto, mais de R$ 350 milhões em vendas adicionais. O Sebrae estima que até o fim dos Jogos essa cifra irá totalizar R$ 500 milhões, mas o grande legado aqui não se resume ao lucro financeiro que a Copa irá propiciar: está na capacitação dessas empresas e na inserção delas de forma mais competitiva no mercado, pois aprenderam a trabalhar dentro dos padrões de certificação exigidos, treinaram seus quadros e absorveram tecnologia.

Estudos de consultorias privadas estimam que a Copa e os Jogos Olímpicos agregarão R$ 183 bilhões ao Produto Interno Bruto (PIB) brasileiro até 2019. Em contexto de prolongada crise mundial, tal movimentação econômica tem evidente efeito anticíclico. Segundo estudo da Fipe, só a Copa das Confederações rendeu R$ 9,7 bilhões adicionais ao PIB nacional no setor do turismo. Para a Copa do Mundo, o estudo prevê um rendimento três vezes maior.

O ambiente de Copa e Olimpíadas joga luzes também sobre a base do esporte. Não se constrói uma potência olímpica – nem se democratiza o conceito de que a atividade física é primordial para a saúde e para o desenvolvimento social – sem investimento no esporte educacional. E o Brasil tem uma dívida com suas escolas, desprovidas em grande parte da infraestrutura mínima para a prática esportiva. É nessa perspectiva de resgate que o governo federal está construindo 6 mil ginásios e cobrindo 4 mil quadras em escolas públicas. Parcerias do Ministério do Esporte com o MEC e as Forças Armadas beneficiarão 7 milhões de estudantes em 2014, através dos programas Segundo Tempo, Mais Educação e Forças no Esporte.

O fortalecimento da escola, aliado à construção de Centros de Iniciação ao Esporte (CIEs) em todo o país, cria as condições para a revelação de talentos que serão direcionados ao alto rendimento. E, com a integração de centros esportivos regionais e a consolidação de uma Rede Nacional de Treinamento, refina-se o conceito de democratização da atividade física para a construção de uma sociedade saudável. O desfile de ídolos internacionais só aumenta o interesse da juventude pelas atividades esportivas. Na outra ponta, o próprio Parque Olímpico da Barra da Tijuca sediará, após o evento, o Instituto Brasileiro do Esporte, agregando em rede o que há de mais avançado na produção científica e tecnológica nacional para apoiar o esporte de alto rendimento.

O legado de gestão pública já é realidade na segurança e na saúde. Esses setores experimentam inovações de gestão com os Centros Integrados de Comando e Controle, que, ainda que detenham aparelhagem de última geração, não se resumem ao uso da tecnologia. Estabelecem na base de sua operação a integração das variadas forças de segurança e destas com as Forças Armadas, possibilitando o compartilhamento de informações, a tomada de decisões e uma coordenação de ações eficiente. O Novo Marco Regulatório da Saúde em Eventos de Massa, conduzido pelo Ministério da Saúde e pela Agência Nacional de Vigilância Sanitária (Anvisa), também deve à Copa e aos Jogos Olímpicos a oportunidade de desenvolver uma política pública estruturante e duradoura.

Na área ambiental, a realização do Mundial alavancou a questão da sustentabilidade no país. As doze arenas foram construídas ou reformadas de acordo com critérios internacionais de construção sustentável, que buscam minimizar impactos ambientais, como o reaproveitamento da água da chuva para a irrigação do campo e o uso de madeira certificada e energias renováveis. A exigência de certificação ambiental internacional das arenas da Copa, uma iniciativa pioneira e autônoma do Brasil, foi incorporada pela Fifa como padrão para as próximas edições da Copa do Mundo. Na prática, estabeleceu-se um "Padrão Brasil" de sustentabilidade dos estádios nas Copas do Mundo.

Esses e outros exemplos mostram como é equivocada a visão que supõe existir um antagonismo entre sediar os megaeventos esportivos no Brasil e ampliar os investimentos em saúde e educação no país. Ao contrário, partindo de uma visão ampla dos legados que esses eventos deixam, a Copa do Mundo de 2014 e os Jogos Olímpicos e Paraolímpicos de 2016 propiciam uma oportunidade histórica para ampliar os investimentos em saúde, educação e outros serviços públicos e direitos de cidadania, alavancando o esforço contínuo empreendido pelo Brasil para superar a secular e pesada dívida social que marca nossa sociedade.

No que concerne especificamente aos custos associados à construção e/ou modernização dos estádios que serão usados na Copa, é importante colocar a questão em perspectiva. O custo global desses estádios totalizou R$ 8 bilhões. Os recursos investidos pelo governo federal representam metade desse valor e são oriundos de uma linha especial de financiamento do BNDES, que não concorre com recursos destinados à saúde e à educação, cuja origem é o Orçamento Geral da União. Desde que foi escolhido como país-sede da Copa, os investimentos em educação no Brasil triplicaram e, em saúde, mais do que dobraram. De 2010 a 2014 apenas os investimentos do governo federal em saúde e educação (sem contar os de estados e municípios) totalizaram R$ 825 bilhões. Ou seja, ainda que concorressem com investimentos em saúde e educação – o que, como vimos, não é o caso nos financiamentos do BNDES –, o custo total dos estádios que serão usados na Copa não chega a 1% dos recursos orçamentários federais aplicados nas duas áreas. Ou seja, não faz sentido responsabilizar os grandes eventos esportivos pela alegada insuficiência de investimento público nessas áreas. Muito mais efetivo e grave como mecanismo de restrição da ampliação do investimento de recursos públicos na área social é o aumento dos gastos orçamentários associados ao pagamento da dívida pública, em função da elevação da taxa de juros. Entre 2009 e 2013, o Brasil gastou mais de R$ 1 trilhão em pagamentos de juros da dívida pública. Os investimentos públicos em infraestrutura realizados no contexto da preparação dos grandes eventos esportivos que o país sedia em 2014 e sediará em 2016 fazem parte, na verdade, de um contramovimento geral que procura desvencilhar o Brasil das fortes amarras que ainda o atrelam aos circuitos globais de acumulação financeira, estruturando um novo ciclo de desenvolvimento nacional.

Em junho de 2013, enquanto era disputada no Brasil a Copa das Confederações, centenas de milhares de brasileiros foram às ruas para reivindicar um país melhor. Transporte, saúde e educação se destacaram como temas das faixas e cartazes, numa clara demonstração de que a sociedade brasileira está cada vez mais atuante e consciente. A mensagem transmitida ao Estado é de que os indubitáveis avanços econômicos e sociais conquistados pelo Brasil nos últimos dez anos precisam ser acompanhados por melhorias na infraestrutura urbana e nos serviços oferecidos à população.

As manifestações incluíram críticas de alguns setores, apontando que os investimentos associados aos grandes eventos esportivos estariam absorvendo recursos que deveriam ser investidos em setores mais importantes. Como vimos, trata-se de uma visão equivocada. Mais do que isso, um ponto de vista que tolhe a conquista das melhorias reclamadas pelos próprios manifestantes. O legado construído por todos os entes públicos e privados envolvidos no planejamento e na execução da Copa do Mundo e dos Jogos Olímpicos e Paraolímpicos contempla, justamente, os anseios da população brasileira ecoados pelos manifestantes. Integram esse legado o rigoroso controle e a fiscalização dos empreendimentos associados a esses eventos, para evitar e combater gastos excessivos, bem como o mau uso de recursos públicos.

Os megaeventos não são um sortilégio, uma varinha de condão capaz de mudar da noite para o dia o cenário do país, mas são ferramentas de fato, capazes de acelerar políticas estruturantes de desenvolvimento nacional, regional e local. Sob os olhares do mundo inteiro, o Brasil procurará consolidar a imagem de país moderno e democrático, com diversidade cultural e capacidade de organização, pleno de atrações turísticas espalhadas por um território continental.

Os gols da seleção na Copa e as medalhas verde-amarelas nos Jogos Olímpicos de 2016 certamente emocionarão e inspirarão toda a torcida brasileira, mas o que esperamos é que o Brasil que emergir dos megaeventos esportivos faça nossa torcida vibrar e se orgulhar, nas ruas e nas arquibancadas, não só pelo que seu país realizou nos campos e nas quadras, mas, sobretudo, pelas bases que lançou para um futuro com mais bem-estar e justiça social para seu povo.

Megaeventos: direito à moradia em cidades à venda

Raquel Rolnik

Desde 2008, quando fui nomeada pelo Conselho de Direitos Humanos da ONU para assumir a relatoria especial sobre o direito à moradia adequada, comecei a receber denúncias de violações desse direito de pessoas e comunidades da África do Sul, que se preparava para sediar a Copa do Mundo em 2010, de Pequim, na China, que fora a anfitriã dos Jogos Olímpicos de 2008, e de Nova Délhi, na Índia, sede dos Jogos da Comunidade Britânica de 2010. As denúncias, em sua maioria, envolviam a remoção de comunidades de suas casas e bairros para dar lugar a estádios, aeroportos e infraestrutura – principalmente de circulação – vinculadas à preparação das cidades-sede para receber o evento, sem que os padrões internacionais que protegem o direito à moradia nessas circunstâncias tenham sido respeitados[1]. Diante daquilo que já parecia estar se constituindo como padrão, decidi que meu primeiro relatório temático para o Conselho trataria da relação entre os megaeventos esportivos e o direito à moradia adequada.

Até os anos 1930, os Jogos Olímpicos e outros eventos esportivos deixavam poucas marcas na paisagem urbana. Em 1932, a cidade de Los Angeles

---

[1] Para conhecer os padrões internacionais que protegem o direito à moradia em casos de projeto envolvendo remoções, consulte o site <direitoamoradia.org>.

utilizou os Jogos como oportunidade para estimular a economia local e construiu a primeira Vila Olímpica com características de moradia permanente. Outros países-sede repetiram a fórmula: vilas de atletas se transformariam, posteriormente, em casas populares. Os Jogos Pan-Americanos de São Paulo, em 1963, deixaram para a cidade as raras moradias estudantis subsidiadas existentes: o Conjunto Residencial da USP – o Crusp.

Desde a Segunda Guerra Mundial, os Jogos ganharam força política, atraindo o apoio dos governos para a promoção do esporte do ponto de vista da integração social, o que incluía a construção de infraestrutura pública para a promoção das atividades esportivas. Marcados por um forte protagonismo estatal, até o início dos anos 1970 os Jogos ainda giravam predominantemente em torno do esporte e de seu simbolismo nacionalista em um contexto internacional marcado pela Guerra Fria e o embate entre modelos de organização político-social. Vencer os Jogos era sinalizar, através dos corpos dos atletas, a supremacia de um modelo sobre o outro.

No início dos anos 1980, começa a ganhar espaço a combinação da organização de eventos esportivos internacionais com os processos de transformação urbana, acompanhados de uma política de construção de infraestrutura esportiva em zonas centrais como estratégia de renovação do centro das cidades. Essa mudança está diretamente relacionada à participação crescente das corporações privadas na promoção dos Jogos e às mudanças ocorridas na política urbana, sob o marco da ascensão do neoliberalismo como doutrina e prática econômico-política.

Foi em 1984, nos Jogos Olímpicos de Los Angeles, que pela primeira vez a forte presença do patrocínio privado e a organização dos Jogos como um negócio geraram lucro de mais de US$ 200 milhões para seus promotores, transformando a realização dos Jogos definitivamente em stand de vendas global.

Mediadas pelos organismos paraestatais de promoção dos Jogos – como Fifa e COI – e por meio de ativismo dos próprios governos, Copa do Mundo e Olimpíadas passaram então, crescentemente, a constituir uma espécie de *branding*, uma grande marca, capaz de conferir a legitimidade de sua aura feita de paixões nacionalistas e performáticas a todos os produtos associados ao evento.

Um dos elementos fundamentais dessa estratégia de marketing é a visibilidade do evento: bilhões de pessoas assistem simultaneamente aos Jogos, outros bilhões são bombardeados meses – e até anos – antes de sua realização, configurando uma operação comunicacional de grandes proporções.

Nos anos 1990, um novo passo é dado quando, a partir da experiência dos Jogos Olímpicos de Barcelona de 1992, a organização de megaeventos esportivos passa a se constituir em componente do planejamento urbano estratégico, com vistas a melhorar a posição das cidades-sede como pontos de atração de investimentos internacionais numa economia cada vez mais globalizada. De lá para cá, a estratégia de desenvolvimento econômico das cidades, que inclui a renovação da infraestrutura urbana e a abertura de novas frentes de expansão imobiliária relacionadas aos Jogos, converteu-se no enfoque hegemônico da realização dos megaeventos esportivos internacionais: é o chamado "legado urbano" do evento. Agora, não são vendidos apenas os produtos associados aos Jogos, mas também a própria cidade, exposta numa vitrine global impulsionada pela mobilização de corpos e almas propiciada pela competição esportiva.

Do ponto de vista da política urbana, esse processo coincide com dois fenômenos: a diminuição do papel do Estado para atendimento de demandas urbanísticas e o aumento da importância de um urbanismo ligado não mais a um projeto global de cidade, mas a grandes projetos urbanos desenhados para captar parcela de um excedente financeiro global que paira sobre o planeta em busca de novos territórios para sua expansão e reprodução.

A lógica do "legado urbano" dos megaeventos pode ser entendida no âmbito do que ocorreu com o mercado imobiliário e de terras que, com a globalização, passou a ser parte fundamental do circuito financeiro internacional. Vivemos uma "financeirização" do processo de produção de moradia e de cidades. Isso significa que os ativos imobiliários, mais do que representarem um valor de uso para as cidades, são um ativo financeiro passivo de especulação. Não é possível entender o projeto do Porto Maravilha, no Rio de Janeiro, ou o da Cidade da Copa, no Recife, senão nesse contexto.

Evidentemente, essas operações e essa lógica não são decorrentes da organização dos megaeventos esportivos e não surgem a partir dela. Porém, em todas as cidades e países que sediam um megaevento, esse urbanismo *ad hoc* – operações imobiliárias sustentadas na ideia do legado e das transformações urbanísticas proporcionadas pelos Jogos – ganha grande envergadura, superando obstáculos que a eles se antepunham pela ordem urbanística e por marcos regulatórios anteriores. Assim foi em Pequim, Cidade do Cabo e Londres.

Em todos esses contextos, efeitos como valorização imobiliária muito acima da renda dos moradores e processos de gentrificação de áreas

68 | Brasil em jogo

da cidade, entre outros efeitos perversos sobretudo para os mais pobres e vulneráveis, já foram amplamente documentados. Ocorre que, em países emergentes como o Brasil, a Índia e a África do Sul, onde existem muitos assentamentos informais de baixa renda, como favelas, loteamentos irregulares e ocupações, a realização desse tipo de operações se dá sobre um tecido urbano marcado pela precariedade de seu território e pela ambiguidade da condição de inserção de seus cidadãos. Nesses países está presente aquilo que chamo de dualidade da condição urbana: uma parte da cidade é plenamente construída no interior da regulação urbanística e jurídica, enquanto a outra – não raro muito maior do que a primeira e majoritariamente habitada por populações de baixa renda – é autoproduzida pelos próprios moradores estabelecendo relações negociadas, no dia a dia, com esse mesmo marco jurídico e regulatório. Nesses locais, a cidadania e os direitos humanos vivem sob a égide da ambiguidade: de um lado, são esses assentamentos que garantem que uma mão de obra abundante se encontre disponível para operar a máquina cidade, em situações de baixíssima remuneração. De outro, sua permanência bem como a possibilidade da consolidação definitiva dos assentamentos na cidade jamais estão plenamente garantidas.

No contexto da realização dos grandes projetos urbanos, essas são exatamente as áreas marcadas para morrer. Afinal, por não serem "oficiais", não precisam receber os pesados valores de indenizações para cair fora dali; por serem "precárias", ganham a justificativa de que sua eliminação representará um ganho não somente para a cidade mas também para os moradores, que passarão a obter condições mais permanentes e dignas de vida. Entretanto, dada a forma pela qual as remoções têm sido feitas nesses contextos, não é essa a realidade enfrentada pelas comunidades que viveram e vivem a experiência de estar no meio do caminho desses projetos. O que se vê são pessoas e famílias inteiras serem removidas de suas casas – não importa se vivem ali há alguns meses ou há décadas – sem nenhum respeito por seus direitos ou pela vida que construíram nesse lugar. Com a justificativa da "ilegalidade", a remoção se dá, em geral, sem pagamento de indenizações, que, quando existem, contemplam apenas a benfeitoria (a casa), desconsiderando completamente o valor da terra, mesmo num contexto como o brasileiro, em que a constituição e a legislação garantem esse reconhecimento. Em muitos outros casos, paga-se um auxílio-aluguel de valor irrisório por alguns meses – e isso é tudo.

Esse é exatamente o caso do Brasil, que tenho acompanhado de perto nos últimos anos. Os procedimentos adotados durante as remoções estão muito distantes de corresponder ao marco internacional dos direitos humanos. O direito à informação, à transparência e à participação direta dos atingidos na definição das alternativas de intervenção sobre suas comunidades não está sendo nem de longe respeitado. O modo como são feitos remoções e reassentamentos, no geral, é completamente obscuro. Não estão disponíveis em nenhum lugar – nem nos projetos formulados pelas cidades nem na matriz de responsabilidades assinadas entre os governos para viabilizar o financiamento público de obras de infraestrutura – informações sobre quantas pessoas serão removidas, quais os valores das indenizações, quais as propostas de reassentamento e para onde essas pessoas serão levadas.

De acordo com as leis internacionais sobre o direito à moradia – das quais o Brasil é signatário –, quando uma remoção precisa ser de fato realizada, a comunidade tem o direito de conhecer o projeto, de discuti-lo e de apresentar alternativas. Tem também o direito de contar com um organismo independente que lhe dê assistência técnica e jurídica para acompanhar o caso – por exemplo, a universidade pública. Mas não é assim que vem acontecendo. Os funcionários das prefeituras simplesmente vão às comunidades e pintam um número na parede: é dessa forma que famílias ficam sabendo que não mais poderão permanecer ali.

Além disso, como já foi dito, as compensações financeiras têm sido totalmente insuficientes para garantir o direito à moradia adequada dessas pessoas em outro local, e, em grande parte dos casos, quando houve reassentamento, este se deu em áreas muito distantes da moradia original, prejudicando os moradores no acesso aos locais de trabalho, aos meios de sobrevivência e à rede socioeconômica que lhes permite sobreviver na cidade. O marco internacional do direito à moradia determina que um reassentamento deve, necessariamente, oferecer condições iguais ou melhores do que a anterior, o que inclui não somente as condições da casa mas também os equipamentos públicos e as oportunidades que a moradia permite acessar.

Do mesmo modo que a associação das marcas com o esporte no mundo empresarial envolve operações simbólicas e ideológicas, a ideia de legado justifica a frente de expansão imobiliária. Mais que isso, é ela que permite o estabelecimento de exceções em relação às regras e às legalidades existentes. É, portanto, a exceção em nome do legado que vai justificar todas as desconstituições de direitos promovidas: as expulsões e despejos forçados para ceder espaço ao desenvolvimento da infraestrutura e à renovação urbana, as operações de grande envergadura contra pessoas sem teto, a discriminação de grupos marginalizados, tudo isso para ficar apenas no campo da moradia.

É evidente que sediar grandes eventos esportivos traz ganhos, dinâmica econômica. A discussão é: ganhos para quê? E ganhos para quem? A resposta a essas perguntas está diretamente relacionada ao processo de tomada de decisões sobre quais, onde e como serão os investimentos. No caso das cidades brasileiras, nenhum dos projetos urbanos relacionados à Copa foi definido a partir de um amplo processo de discussão com a sociedade. Uma enorme quantidade de dinheiro e de investimentos é mobilizada. Se a lógica fosse outra, poderíamos ter aproveitado a oportunidade para urbanizar e qualificar assentamentos onde vivem famílias de baixa renda a fim de consolidar e garantir seu espaço nas cidades, ou planejar obras de mobilidade capazes de atender às prioridades de deslocamento da população da cidade. Obviamente, nada disso foi feito.

No fim das contas, os impactos sociais da preparação para a Copa do Mundo e os Jogos Olímpicos do Rio engrossaram o caldo do profundo descontentamento da população com a vida em nossas cidades. Vimos isso nas manifestações de junho de 2013, que seguem se desdobrando. De forma geral, uma das grandes reivindicações presentes nas ruas é o direito à cidade. Essas manifestações são a explosão de um modelo de cidade que nega o direito à cidade para a maior parte da população. São fruto também do significativo e recente processo de inclusão, via consumo, de uma parcela historicamente excluída. As pessoas passaram a consumir mais, mas a esfera pública, a dimensão pública das cidades e seus serviços, tradicionalmente péssimos, não mudaram.

Existe uma dimensão pública essencial, a urbanidade, que precisa ser resolvida. No entanto, o modelo de urbanização e de desenvolvimento segue voltado para favorecer quem sempre se favoreceu dele. Em 2007, quando o Brasil foi escolhido para sediar a Copa de 2014, houve grande euforia por parte da mídia e da sociedade civil. Às vésperas da abertura dos Jogos, contudo, o descontentamento parece ser grande, e até a própria realização do evento passou a ser questionada sob gritos de "Não vai ter Copa".

De vitrine para vender cidades, a Copa também se transforma em plataforma para reverberar lutas.

Como serão nossas cidades após a Copa e as Olimpíadas?
Carlos Vainer

Os que tomaram a iniciativa de propor e de promover os megaeventos argumentam que, como resultado, nossas cidades serão mais conhecidas no mundo, atraindo turistas, investimentos e novos eventos. Elas serão melhores também graças aos vultosos investimentos feitos, que ampliam a oferta de equipamentos esportivos e a infraestrutura de mobilidade urbana. Nessa versão, a própria preparação das cidades já as tornaria melhores porque os investimentos geram empregos e riqueza. Para usar a linguagem que se tornou chavão dos dirigentes da Fifa e do COI, dos governantes, políticos e da grande mídia, "os megaeventos esportivos deixarão um importante e valioso *legado urbano*"[1].

---

[1] Um bom exemplo se encontra no sítio internet da Empresa Olímpica Municipal, do Rio de Janeiro: "O Rio de Janeiro será reconhecido, ao longo desta década, como a melhor cidade do hemisfério sul para se viver, trabalhar e visitar. Atingiremos este objetivo através do engajamento da sociedade e de profundas transformações no sistema de transporte, infraestrutura urbana, meio ambiente e desenvolvimento social. Os Jogos Olímpicos e Paralímpicos de 2016 trazem um importante sentido de urgência a este processo. A Prefeitura, junto com os governos federal e estadual, o COI e os Comitês Organizadores, trabalha incessantemente para atingir todos os objetivos estabelecidos, com transparência, qualidade e nos prazos previstos", disponível em: <www.rio.rj.gov.br/web/eom/conheca-a-empresa>.

72 | Brasil em jogo

Os milhões de pessoas que têm ido às ruas desde junho de 2013, por sua vez, reclamam que, em vez de estádios e obras luxuosas no "padrão Fifa", os investimentos deveriam ser feitos para atender a necessidades básicas da população: saúde, educação, saneamento básico etc. Também protestam contra o fato de que os projetos de mobilidade tendem a privilegiar os trajetos que serão feitos pelos turistas durante o período dos eventos, isto é, dos aeroportos aos hotéis e aos estádios, em detrimento da imensa maioria da população que, em áreas periféricas e bairros populares, permanece condenada a um serviço de péssima qualidade, lento, desconfortável e caro. E, finalmente, denunciam o caráter autoritário da organização e a pouca participação popular nas decisões[2].

Mas o que são os grandes projetos urbanos e os megaeventos? São intervenções urbanas de grande porte, processos complexos cujos impactos e consequências sobre a vida urbana somente podem ser analisados e compreendidos de forma adequada à luz de uma abordagem que considere suas múltiplas dimensões. A metodologia adotada para escrutinar suas consequências escora-se em dois movimentos: (i) identificar as diferentes dimensões do processo, as mudanças e as rupturas ocorridas; (ii) discutir se e em que medida tais mudanças e rupturas em cada dimensão contribuem ou não para que nossas cidades sejam mais justas e democráticas, critério que se assume como aceito universalmente para avaliar políticas e intervenções urbanas.

É o que se realiza, de maneira muito sumária, a seguir.

Dimensão institucional

Destaca-se, nesta dimensão, o surgimento de novos tipos de arranjo institucional e administrativo. Entre outros, podem-se citar: a criação, no âmbito do Ministério da Justiça, de uma Secretaria Extraordinária de Segurança para Grandes Eventos[3]; a instituição da Autoridade Pública Olímpica, consórcio público reunindo União, Estado e município do Rio de Janeiro, sob a forma de uma autarquia especial[4]; a constituição da

---

[2] A própria presidente Dilma Roussef, em discurso pronunciado em cadeia nacional no dia 21 de junho de 2013, ao referir-se às vozes que vinham das ruas, afirmou, numa espécie de autocrítica, que as os manifestantes demandavam não apenas saúde, transporte e educação, mas também "direito à participação": "Essa mensagem direta das ruas é pelo direito de influir nas decisões de todos os governos, do legislativo e do judiciário".

[3] Decreto n. 7.538, 1º ago. 2011.

[4] Lei n. 12.936, 21 mar. 2011.

Empresa Olímpica Municipal, empresa pública de capital fechado com a atribuição de coordenar a execução de atividades e projetos municipais relacionados aos Jogos Olímpicos de 2016. No Rio de Janeiro, têm grande autoridade os chamados comitês organizadores locais.

Assim, nos níveis federal, estadual e municipal, à margem das instituições governamentais regulares, constituíram-se agências e órgãos especiais, *ad hoc*, aos quais foram delegadas atribuições e responsabilidades de governo. Configura-se um governo paralelo, de exceção, à margem das constituições e da legislação, quase sempre fora de qualquer controle social e político, agindo de forma arbitrária, quando não em aberta violação da lei. Em nome de uma eficiência que a preparação dos megaeventos entre nós está longe de comprovar, perde-se em transparência e controle político e social; golpeia-se, enfim, a democracia urbana.

Dimensão urbanística

Examinemos os grandes equipamentos e projetos que introduzem descontinuidades na malha e na paisagem urbanas preexistentes, bem como suas reconfigurações ou expansões. Olhemos para os estádios e, no caso do Rio de Janeiro, para o Parque Olímpico e para a Vila Olímpica. A pretexto de renovar nossos estádios, os padrões impostos pela Fifa e pelo COI foram adotados de maneira subserviente, gerando espaços elitistas e elitizados, características que os processos de privatização apenas acentuam. Espaços tradicionais e populares foram destruídos (como a Fonte Nova), desfigurados (Maracanã) ou simplesmente condenados ao abandono (Pacaembu).

Há de se referir também aos inúmeros projetos de aburguesamento de extensas áreas em processo de valorização, promovendo a "limpeza social e étnica". Estima-se entre 200 e 250 mil o número de pessoas removidas, quase sempre reassentadas em conjuntos precários, em zonas carentes de urbanização, distantes da antiga moradia e do mercado de trabalho.

Estão emergindo dos megaeventos cidades mais desiguais, socialmente mais segregadas, nas quais os eventuais benefícios dos investimentos realizados são apropriados pelas camadas de renda média e alta, mas sobretudo pelos detentores da propriedade fundiária e pelos capitais da promoção imobiliária.

Dimensão legal

Interessa-nos, neste ponto, chamar a atenção para a criação de regras *ad hoc* que geram descontinuidades no espaço legal da cidade e promovem a "cidade de exceção". O caso que ganhou maior notoriedade foi o da Lei Geral da Copa, que viola abertamente o Estatuto do Torcedor e o Código de Defesa do Consumidor ao autorizar o consumo de bebidas alcoólicas nos estádios e favorecer monopólios comerciais e vendas casadas ilegais. Subsídios e favores fiscais, o Regime Diferenciado de Contratações[5], proteções especiais às marcas da Fifa e do COI e liberdade aos municípios e estados para se endividarem além dos limites autorizados pela Lei de Responsabilidade Fiscal são outras tantas aberrações legais.

Todo esse aparato de leis de exceção lança a cidade numa "terra de ninguém, entre o direito público e o fato político, [...] na situação paradoxal de medidas jurídicas que não podem ser compreendidas no plano do direito"[6]. A democracia é sacrificada no altar da cidade de exceção e da democracia direta do capital.

Dimensão fundiária-imobiliária

Nossas cidades estão confrontadas à valorização acelerada do solo, que resulta de fortes movimentos especulativos favorecidos pelas intervenções governamentais. A apropriação, sob a forma de ganhos fundiários (mais-valores imobiliários), da valorização decorrente dos investimentos públicos tem como um dos exemplos mais perversos a parceria público-privada do Parque Olímpico, no Rio, que entrega a um consórcio privado 1 milhão de metros quadrados para um grande projeto imobiliário em região na qual estão sendo feitos pesados investimentos públicos em infraestrutura e mobilidade.

Na avaliação dessa dimensão não há como não reconhecer que a cidade da especulação imobiliária é uma cidade em que se privatizam recursos públicos e se aprofundam as desigualdades e a segregação sócio-espacial.

Dimensão ambiental

Quanta balela nas promessas de que iriam fazer a Copa e as Olimpíadas mais verdes da história. Em primeiro lugar, em quase todas as cidades-sede está sendo promovida uma insana e insustentável extensão das malhas urbanas, com seus conhecidos efeitos de impermeabilização do

---

[5] Lei n. 12.462, 04 ago. 2011

[6] Giorgio Agamben, *Estado de exceção* (São Paulo, Boitempo, 2004), p. 12.

solo, extensão dos trajetos e maior queima de combustível fóssil. Enquanto no mundo inteiro buscam-se cidades mais densas, porque mais amigáveis ambientalmente, aqui a malha urbana é estendida de maneira irresponsável, embora não desinteressada (considerem-se a expansão das fronteiras do mercado imobiliário e os grandes contratos de infraestrutura).

Some-se que, com raras exceções, e também aqui na contramão do que se faz no mundo inteiro, se têm promovido redes de transporte fortemente dependentes do transporte rodoviário, que queima combustível fóssil. Os sistemas de ônibus segregados, que de maneira colonizada se resolveu batizar de BRT (Bus Rapid Transit), que deveriam, no máximo, ser complementares, em virtude de seus impactos ambientais e baixo desempenho como modal de transporte de massa, tornaram-se um novo modelo.

O resultado serão cidades carbono intensivas e ambientalmente irresponsáveis.

Dimensão escalar

Sob essa qualificação, pretende-se examinar a reconfiguração das relações entre as esferas local, nacional e internacional, tanto do ponto de vista financeiro-econômico quanto político.

Observou-se uma estreita solidariedade entre os governantes dos três níveis federativos, independentemente de suas filiações partidárias. A União irrigou estados e municípios com recursos diretos ou financiamentos favorecidos do BNDES. Cabe mencionar ainda a presença de grandes corporações nacionais e estrangeiras na maioria dos contratos públicos, expressando a constituição de verdadeiros cartéis estruturados em torno da Fifa e do COI[7].

De fato, os megaeventos seriam incompreensíveis se não for considerada a extensa e complexa rede de forças e interesses econômicos e políticos que se articulam nos âmbitos global, nacional, regional e local. Nossas cidades emergem dos megaeventos, portanto, mais dependentes e subordinadas aos grandes capitais internacionais, feudalizadas por grandes empreiteiras nacionais.

---

[7] Pesquisas recentes indicam a permanência de um pequeno número de empresas de consultoria que são contratadas em diferentes cidades a fim de promover os megaeventos, o que indica a existência de um cartel fortemente estruturado. Ver, a respeito, Nelma Gusmão de Oliveira, *O poder dos jogos e os jogos de poder: os interesses em campo na produção de uma cidade para o espetáculo esportivo* (Rio de Janeiro, IPPUR/UFRJ, 2012) e Andrew Jennings, *Jogo sujo: o mundo secreto da Fifa* (São Paulo, Panda Books, 2011).

Dimensão simbólica

A todo tempo os promotores dos megaeventos proclamam estar em busca de produzir e projetar novas imagens e representações acerca das cidades, de modo a situá-las no mercado global de cidades, onde se disputam capitais, turistas, eventos etc. Nesse sentido, prometem como legado cidades competitivas em escala global.

Nesse ponto, parece que o resultado será muito diferente daquele pretendido. Nossas cidades hoje são mais conhecidas no mundo como lugares de conflito que de beleza e paz social. Se isso não constitui necessariamente um elemento negativo, pois a conflituosidade é sinal de vida cidadã e de potencialidade democrática, certamente é muito distante do que pretendiam os homens do marketing urbano que por tantos anos sustentaram as candidaturas de realização da Copa e das Olimpíadas no Brasil.

Ademais, ao invés de uma imagem de modernidade e eficiência, o que se propaga pelo mundo sãos os atrasos das obras, a improvisação, os acidentes de trabalho fatais e a falência das políticas de segurança pública.

Dimensão política

Se a pretensão original era a da consolidação de coalizões dominantes no nível municipal, estadual e federal, o tiro parece ter saído pela culatra. As multitudinárias manifestações questionaram os arranjos de poder dominantes e instalaram no centro da esfera pública milhões de novos atores, particularmente os jovens urbanos. A vitalidade, a riqueza e a diversidade dos protestos desnudam a crise profunda da democracia restringida, resultante da transição controlada que levou o país da ditadura militar ao regime da Constituição de 1988.

É sabido como as autoridades públicas ficaram perplexas diante dessas manifestações, e foi largamente documentada, embora muitas vezes apenas pelas mídias alternativas e redes sociais, a brutalidade com que, em muitos casos, agiu a repressão policial, em violação aberta ao direito de livre manifestação e expressão. Seja como for, o legado, neste caso, parece ter sido uma cidadania maia ativa, uma vida cívica mais capacitada para transformar os rumos e destinos da cidade[8].

---

[8] Ver Carlos Vainer, "Quando a cidade vai às ruas", em David Harvey, Ermínia Maricato et al., *Cidades rebeldes* (São Paulo, Boitempo, 2013).

À guisa de conclusão

Embora muito sumária, a análise multidimensional sugere que os megaeventos contribuem e contribuirão para gerar cidades mais desiguais e segregadas, em que as parcerias público-privadas operam como meios de transferência líquida de recursos públicos (financeiros, fundiários, políticos) para o setor privado. Nossas cidades terão problemas ambientais ainda mais graves e serão ainda menos capazes de lidar com os desafios de uma mobilidade urbana asfixiada. As novas formas institucionais de exceção e o governo paralelo também tornam nossas cidades e seus governos mais autoritários e menos transparentes.

Contraditória e paradoxalmente, as manifestações e a emergência de novos atores sociais e políticos na esfera pública urbana podem oferecer novos horizontes democráticos e cívicos que, quem sabe, poderão renovar a democracia urbana e abrir caminho para cidades mais igualitárias e cidadãos mais ativamente vigilantes. Embora não tenham sido provocados exclusivamente pelos megaeventos, os movimentos sociais não podem ser entendidos sem estes e parecem ser o principal legado positivo da Copa de 2014 e das Olimpíadas de 2016.

A Copa, a imagem do Brasil e a batalha da comunicação

Antonio Lassance

A Copa jogada para escanteio

Sobraram críticos e faltaram adeptos para defender a Copa do Mundo no Brasil. Até as corporações midiáticas que transmitem e lucram com o espetáculo, a imprensa desportiva e os cartolas da Fifa externaram sua decepção. Todos contribuíram para a imagem de uma Copa bola murcha.

O incômodo da Fifa deveria ser visto com alegria pelos cidadãos do país do futebol e pelos amantes desse esporte. Afinal, se Joseph Blatter e Jérôme Valcke não gostaram do que viram nos protestos, em grande medida é porque a entidade nunca foi tão criticada, tão exposta e tão ameaçada na realização de um Mundial.

A Fifa que se cuide. Depois do Brasil, os Mundiais de futebol nunca mais serão os mesmos. Definitivamente, o evento entrou no calendário de protestos antiglobalização, e de modo inédito. A rejeição de uma parte da população, mesmo que diminuta – porque a maioria se satisfez com o infame *slogan* de escolas e hospitais "padrão Fifa" –, que se manifestou mais agressivamente contra sua realização, carregava em sua revolta um sentimento de que a Fifa era um símbolo capitalista, e a Copa, um espetáculo do *show business*.

80 | Brasil em jogo

Para alguns, a Copa tinha uma pontinha do que havia começado na reunião da Organização Mundial do Comércio (OMC), em Seattle, de 1999, se desdobrou em Praga, em 2000, e terminou tragicamente em Gênova, em 2001. O legado desses protestos foram a morte do estudante Carlo Giuliani, em Gênova, e a disseminação internacional da tática *black bloc*. Mas a OMC, o G8, o Fundo Monetário Internacional (FMI) e o Banco Mundial não se tornaram melhores com aqueles protestos. Da mesma forma, os protestos contra a Copa não irão melhorar a saúde, a educação e a mobilidade urbana. A revolta é até compreensível, mas inócua. A Copa é um alvo ruim para os protestos, na medida em que ataca um esporte que é uma paixão popular e em muito difere da OMC, do FMI e do Banco Mundial.

A Copa sempre foi um alvo errado dos protestos. É o arremedo de quem malha o Judas fingindo que enfrenta o Império Romano. Os movimentos anti-Copa são um *revival* do ludismo, pois lembram Ned Ludd e seu movimento, no século XIX, de invadir fábricas e quebrar máquinas imaginando que, assim, seria possível vencer o capitalismo e seu maquinário.

O ludismo dos "empata-Copa" juntou grupos de esquerda e de direita, intelectuais orgânicos, inorgânicos e energúmenos, e o cartel midiático nacional e de agências internacionais. Até mesmo os cronistas desportivos e a própria Fifa, todos desconfiados uns dos outros, mas com alguma coisa em comum: a dedicação a passar a ideia de que, no Brasil, nada funciona, nada presta, nada vale a pena. O país não é sério.

O brasileiro continua a ser um bestializado. Um antieuclidiano, pois é, antes de tudo, um fraco. Se o assunto, no caso, é o futebol, o coitado que se meteu a organizar a competição, se dependesse da turma do #NãoVaiTerCopa, não poderia sequer aproveitar o momento como torcedor, pois mais importante é ele se conscientizar de que não passa de uma reles vítima da Copa.

Diante da aposta no caos, o que era para ser uma festa se transformou, na melhor das hipóteses, em um grande e estressante desafio. Por outro lado, de positivo, o que era para ser um megaevento tornou-se uma questão de honra para o Brasil, diante do mundo e de seu próprio povo.

Como o Brasil perdeu a batalha da comunicação para a Copa

Como nunca antes em uma Copa do Mundo, a principal preocupação dos organizadores já não era se sua seleção iria ganhar ou perder a competição, e sim se o país sobreviveria à Copa – se passaria muita ou pouca vergonha diante do mundo.

Os problemas enfrentados para sua realização e o desmoronamento da opinião pública favorável ao evento deixou muitos governos prostrados. A maioria deles demorou a acordar para o fato de que o mais importante seria mostrar ao mundo do que o país é capaz. O que o evento movimenta de recursos é pouco diante do que ele representa em termos de imagem do Brasil no exterior. O país estimou gastar cerca de R$ 8 bilhões em estádios e pode ter recuperado mais do que isso só durante a Copa das Confederações, com o retorno proporcionado por investimentos, empregos, turismo, consumo e impostos. Foram R$ 9,7 bilhões de retorno, segundo pesquisa da Fundação Instituto de Pesquisas Econômicas (Fipe).

Em pouco mais de uma década de governos do PT, o país passou a ser a oitava maior economia mundial. Reduziu drasticamente a pobreza, mais do que qualquer outro país emergente. Tornou-se um dos países que mais expandiram sua classe média e seu mercado consumidor.

O brasileiro mudou de figura também em outros aspectos. Tornou-se mais exigente, mais informado, mais conectado, mais crítico e mais estressado. Mais sujeito a engarrafamentos, mais suscetível a judicializar seus conflitos e mais exposto a novas mídias, nas quais imperam três lógicas paralelas: a da violência, a do escracho e a da ostentação. E a Copa tornou-se um prato cheio para ser maltratada por essas três formas de se encarar um assunto: pela violência, pelo escracho e pela ostentação.

Os governos, em todos os níveis, deram sua contribuição para fornecer matéria-prima à esculhambação contra a Copa. Os atrasos, o desperdício de recursos, a falta de diálogo sobre prioridades, a ausência de uma política ativa de transparência em relação aos gastos, a visão meramente setorial e festiva do evento, a comunicação concentrada em veículos tradicionais e em mensagens de oba-oba e auê, e não na discussão da imagem no exterior e do legado para o país. Tudo isso contribuiu para que se formasse uma perfeita tempestade "do contra".

A comunicação governamental continua chamando de "mídia técnica" seu padrão tradicional de comunicação, que abastece o caixa das grandes corporações midiáticas, sem estimular a pluralidade nem respeitar a segmentação do público consumidor de informações. Diante da modernidade, com a entrada avassaladora das mídias abrigadas pela internet, a única mudança significativa da política de comunicação à vista é a de trocar a Globo pelo Google como grande anunciante.

Em termos da mensagem, outro erro de estratégia. Não se discutiu o legado, tampouco a imagem do Brasil no exterior, nem se mostrou o avanço social por trás das obras. Mais importante para a reputação da organização do evento foi o fato de que muitos dirigentes governamentais foram os primeiros a propagar o descrédito em sua capacidade de cumprir compromissos e de entregar o prometido a tempo. No caso mais grave, por exemplo, o governo do Estado do Paraná e a prefeitura de Curitiba simplesmente abandonaram seus compromissos com a Copa. No meio do caminho, quase comprometeram as obras da Arena da Baixada, uma das sedes. Como ganhar a batalha da comunicação quando os governos são os primeiros a bater em retirada?

Não se viu, nem para a Copa nem para muitos outros assuntos, um espírito parecido ao do governo da presidenta chilena, Michelle Bachelet, que convocou todos os seus ministros, independentemente da pasta, para percorrer o país a fim de defender sua reforma tributária. Menos ainda se viu alguém cumprir a lição do ex-presidente venezuelano Hugo Chávez (aquela que está no vídeo "A revolução não será televisionada"), de que todo e qualquer membro do governo deve visitar cada cidade do país para explicar tudo o que está acontecendo, não importa o assunto. Uma explicação que implica conversar com todos os veículos de comunicação, sem exceção, a começar pelos do interior.

Muitos estados criaram secretarias de grandes eventos, mas não têm, até hoje, secretarias de participação popular. Reclamamos da truculência das tropas de choque das Polícias Militares, mas nos esquecemos de que a maioria dos governos não dispõe, deliberadamente, de interlocutores para negociar com os movimentos sociais. Muitas secretarias responsáveis por políticas públicas sensíveis, alvo de vários protestos, foram e continuam sendo incapazes de transformar reivindicações e protestos em mesa de negociação, disposta a apresentar soluções, compromissos, cronogramas e recursos orçamentários.

O problema não é a Copa, são as políticas. A política de comunicação é uma delas. Com todos os problemas do país, a realização da Copa era absolutamente defensável. Acuados pelas manifestações de 2013, os governos abaixaram a cabeça e se envergonharam até do que não deveriam.

O festival de besteiras ditas contra a Copa

Perde-se uma batalha de comunicação com má informação ou com desinformação. A falta de esclarecimento sobre dados elementares tornou crível um arsenal de bobagens contra a Copa.

O orçamento da Copa ficou em pouco mais de R\$ 26 bilhões. A tão criticada construção de estádios (cerca de R\$ 8 bilhões) não passa de 30%

desse valor. Quase 70% dos gastos previstos para a Copa não foram em estádios, mas em infraestrutura, serviços e formação de mão de obra. Os gastos com mobilidade urbana (R$ 8,14 bilhões) superam os com estádios. Os gastos com aeroportos (R$ 6,7 bilhões), somados ao que será investido pela iniciativa privada (R$ 2,8 bilhões), também são maiores que os com estádios. Quase R$ 2 bilhões foram previstos para gastos em segurança pública, formação de mão de obra e outros serviços. Ou seja, quem achou e falou que o principal investimento da Copa foram os estádios ajudou a desinformar uma multidão de pessoas.

Diz-se que o Brasil exagerou nos estádios. Faremos a primeira e talvez a única Copa com doze sedes. Poderia ter sido feito com a metade. A imprensa desportiva acusa que foram construídos elefantes brancos, sem reconhecer o óbvio: a maioria desses estádios já era de elefantes brancos. Não foi a Copa que os criou. Ao contrário, sua reconstrução ou reforma lhes proporcionará uma segunda chance para deixarem de ser elefantes brancos.

No Brasil, existe uma manada de mamutes brancos. Chama-se dívida pública. O Brasil gastou, em 2013, R$ 248 bilhões com o pagamento de juros, segundo dados do Banco Central. O que se paga de juros da dívida daria para construir um estádio do Mineirão por dia. A cada dois dias, pagaríamos um Maracanã. Brigamos por suados R$ 0,20 e por míseros R$ 8 bilhões (a serem pagos em quinze anos), mas ninguém presta atenção ao fato de que cada aumento de 1% na taxa de juros Selic adiciona um custo anual de R$ 20 bilhões para os brasileiros.

Olhando adiante, sem esquecer o passado

A Copa do Mundo no Brasil, agora, é passado. O que se pode e se deve aprender de mais importante pode ajudar a evitar não só que os mesmos erros prejudiquem a organização das Olimpíadas: pode contribuir para que se tome mais consciência dos reais problemas do país e dos alvos que deveriam orientar as mobilizações populares.

Alguns se aproveitaram do momento para martelar que a Copa foi usada como pretexto para a especulação imobiliária. Incrível saber, pela primeira vez, que o setor imobiliário é o único setor capitalista do mundo que precisa de pretextos para especular. A Copa das remoções não teve remoções na maioria das cidades-sede. A Copa da exploração sexual gerou mais campanhas contra a exploração sexual do que nosso tradicional Carnaval, a festa onde homens e mulheres exibem, ao vivo e em cores, como um símbolo de liberação sexual, as bundas que estão proibidas de aparecer estilizadas em camisetas.

A Copa que impede vendedores ambulantes nas proximidades dos estádios fez com que nos esquecêssemos da luta que sempre se travou contra o trabalho precário e contra a forte suspeita de que, por trás de muito do que se vende nas ruas, está a exploração do trabalho infantil e de imigrantes em fábricas clandestinas que produzem material contrabandeado.

Reclama-se que a economia local é violentada pelas megacorporações associadas ao evento. O que a padaria e a mercearia da esquina passaram em trinta dias de jogos não é nada perto do que acontece quando, a seu lado, instalam um Carrefour, um Walmart, um Pão de Açúcar – e ninguém aparece para reclamar.

Com a Copa do Mundo no Brasil, aprendemos que a principal vítima da desinformação é o bom senso. Bola pra frente.

O que quer o MTST?
Movimento dos Trabalhadores Sem-Teto*

Nos últimos meses, a luta do Movimento dos Trabalhadores Sem-Teto (MTST) por moradia digna e reforma urbana ganhou maior destaque público. Mas ela não vem de agora. O Movimento realiza sua luta há quase vinte anos, ainda que sob o silêncio da mídia e o descaso de sucessivos governos.

O fortalecimento mais recente do Movimento está ligado, paradoxalmente, aos efeitos colaterais do crescimento econômico. O setor da construção civil recebeu incentivos do governo, principalmente por meio do BNDES, e foi beneficiado, por tabela, com a relativa facilitação do crédito ao consumo. Com isso, o mercado imobiliário se aqueceu, as empreiteiras engordaram seu patrimônio e a especulação imobiliária foi às alturas.

Embora essa questão possa parecer distante da vida prática, os efeitos foram sentidos diretamente pelos trabalhadores mais pobres. Boa parte dos moradores de periferia não tem casa própria e depende do aluguel. Com a explosão imobiliária em São Paulo e outras metrópoles do país, o valor do aluguel cresceu brutalmente. Desde 2008, o aumento médio

---

* Este texto foi redigido por Guilherme Boulos, Josué Rocha e Maria das Dores, membros da coordenação do Movimento dos Trabalhadores Sem-Teto e da Frente de Resistência Urbana, e aprovado coletivamente pelo MTST. (N. E.)

em São Paulo foi de 97% e no Rio de Janeiro, de 144%, segundo o Índice FipeZap. No mesmo período, a inflação medida pelo IPCA ficou em 40%.

Os bairros de periferia foram diretamente afetados por esse fenômeno. O resultado foi um aprofundamento da lógica de expulsão dos mais pobres para cada vez mais longe. Em Itaquera, onde está ocorrendo a Ocupação Copa do Povo, milhares de moradores foram expulsos nos últimos anos para periferias ainda mais distantes: Guaianazes, Cidade Tiradentes ou mesmo para fora da capital, em municípios como Ferraz de Vasconcelos.

O aluguel passou a corroer boa parte da renda familiar e forçou as pessoas a viverem em lugares e condições piores. Ir para mais longe significa mais tempo no transporte para o trabalho, além de serviços públicos e infraestrutura urbana mais precários. A especulação imobiliária deteriorou a qualidade de vida dos trabalhadores. O que o programa Bolsa Família e o aumento progressivo do salário mínimo deram com uma mão, o aluguel mais caro tirou com a outra.

A intensificação das ocupações de terrenos e prédios ociosos foi a forma de resistência popular a esse processo perverso de segregação social e territorial. Aqueles que não aceitaram ser jogados para buracos ainda mais distantes estão ocupando terras. Vale ressaltar: terras ociosas utilizadas para especulação imobiliária, em geral por agentes de mercado como empreiteiras e incorporadoras.

As ocupações do MTST não caíram do céu. Foram resultado de um processo gradual de piora das condições de moradia dos mais pobres por conta da valorização imobiliária. Só assim é possível compreender ocupações como a Vila Nova Palestina (com 8 mil famílias, na Zona Sul de São Paulo), a Favela da Telerj (com 5 mil famílias, no Rio) ou a Ocupação Copa do Povo, que em uma semana chegou a 4 mil barracos. São resultados da falta de política urbana para regular o mercado imobiliário e priorizar os interesses sociais.

A Copa foi um agravante desse processo. Onde há megaevento há aumento da especulação imobiliária. No Brasil não foi diferente. A Copa enrijeceu ainda mais os muros sociais das cidades brasileiras. E antes mesmo de começar já definiu seus perdedores e vencedores. Os perdedores fomos nós, moradores da periferia, que vimos o aluguel abocanhar nossa renda. As vencedoras foram as grandes empreiteiras, que levaram dinheiro público a rodo para obras de finalidade social duvidosa. Como denúncia dessa disparidade, ocupamos suas sedes ao lançar a Campanha "Copa Sem Povo, Tô na Rua de Novo".

Mas ao lutarmos contra os abusos da Copa não fazemos vista grossa aos conservadores mais atrasados, historicamente aliados a políticas antipopulares, que agora querem pegar a onda das mobilizações sociais. Se temos diferenças importantes com o governo Dilma, somos também categóricos em dizer que Aécio Neves (PSDB) e Eduardo Campos (PSB) não nos representam. Representam, ao contrário, o atraso neoliberal.

Enfim, o que quer o MTST com suas ocupações e mobilizações pelo país? Queremos derrubar os muros sociais que dividem a cidade. Dizer em alto e bom som que a cidade deve ser de todos e não usufruída por um pequeno grupo que pode se estabelecer nos melhores lugares e ter acesso a bens e serviços privados. A cidade privada para poucos é a cidade da privação para a maioria. Entendemos que essa mudança passa por uma profunda reforma urbana, que deve rediscutir a apropriação social do espaço, dos bens e dos serviços urbanos.

Entendemos ainda que uma mudança dessa natureza não virá do Congresso Nacional, com seus parlamentares financiados até o pescoço pelo capital imobiliário. Ela vem de baixo. A história dos povos ensina que as grandes transformações são resultado de movimentos populares de massa, que enfrentam as relações de poder constituídas. Chamamos isso de poder popular. É isso que quer o MTST.

Cronologia dos megaeventos esportivos*

Século VIII a. C. ao século IV d. C. | Em honra a Zeus, eram realizados jogos esportivos no templo de Olímpia, na Grécia. Suas origens confundem-se com relatos mitológicos, mas considera-se que a primeira edição dessas competições pan-helênicas ocorreu em 776 a. C. Atribui-se seu declínio à dominação romana, a partir do século II a. C., e seu desaparecimento foi decretado pelo imperador Theodosius I, que, cristão, abolira os jogos em 393 d. C.

1894 | Almejando um "renascimento" dos Jogos Olímpicos praticados na Antiguidade, o barão Pierre de Coubertin funda em Paris o Comitê Olímpico Internacional (COI), apoiado por um grupo de aristocratas europeus.

1896, Olimpíadas de Atenas | Realizam-se os primeiros Jogos Olímpicos da era moderna. Participaram 241 atletas de 14 países – todos homens. O discurso de abertura, focado na ideia da comunicação e da paz entre os povos, foi proferido pelo rei Jorge da Grécia no estádio Panathinaiko, diante de uma plateia de 80 mil pessoas.

---

* Elaborada pela equipe da Boitempo Editorial, em parceria com Nelma Gusmão de Oliveira. Optou-se, a fim de ilustração, pela inclusão dos eventos que são citados nos artigos deste livro ou que, de alguma forma, dialogam com estes. (N. E.)

90 | Brasil em jogo

1904 | Fundação da Federação Internacional de Futebol Associado (Fifa). Atualmente com 209 países associados, a Fifa é filiada ao Comitê Olímpico Internacional (COI) e está sediada em Zurique, na Suíça.

1930, Copa do Mundo da Fifa – Uruguai | A primeira edição da Copa do Mundo, bastante amadora e desorganizada para os padrões atuais, contou com apenas treze equipes, incluindo o Brasil. Até então, a Fifa organizava os torneios de futebol dentro das Olimpíadas do COI.

1936, Olimpíadas de Berlim | A primeira transmissão de uma edição dos Jogos, via TV local, registrou pouco mais de 160 mil espectadores. Também pela primeira vez houve o revezamento da tocha olímpica.

1948, Olimpíadas de Londres | Após uma interrupção de doze anos por conta da Segunda Guerra Mundial e com a morte do Barão de Coubertin, em 1937, os Jogos Olímpicos só voltaram a ser realizados graças a um grande empenho do COI, que ameaçava ruir.

1950, Copa do Mundo da Fifa – Brasil | Para receber sua primeira Copa do Mundo, o Estado brasileiro construiu o estádio do Maracanã, com capacidade para 200 mil torcedores, no Rio de Janeiro, então capital do país. Em plena ascensão e consolidando-se como potência futebolística, a derrota para o Uruguai na final abalou sensivelmente o público da casa.

1958-1975 | Presidência de João Havelange na Confederação Brasileira de Desportos (CBD), entidade responsável, à época, pela organização de todo o esporte no país (atualmente, cada modalidade tem sua própria confederação, como a CBF).

1972, Olimpíadas de Munique | Onze atletas israelenses são mortos por terroristas palestinos. Registrados por redes de televisão internacionais, os dramáticos momentos do sequestro da delegação quase culminaram na suspensão do evento.

1974 | Com o apoio de Horst Dassler, proprietário da Adidas e fundador da ISL, o brasileiro João Havelange é eleito o sétimo presidente da Fifa.

1976, Olimpíadas de Montreal | Primeiro grande boicote histórico, quando 26 delegações africanas recusaram-se a participar do evento devido à não suspensão da Nova Zelândia. Em termos financeiros, a edição foi um retumbante fracasso, afundando a cidade-sede em uma dívida bilionária – foram necessários trinta anos para quitá-la.

1980, Olimpíadas de Moscou | A edição foi marcada pelo maior boicote histórico ao evento, quando 66 delegações se recusaram a pisar em solo soviético.

1980-2001 | O catalão Juan Antonio Samaranch assume a presidência do COI, que sofria então uma crise financeira e política. Durante seu longo mandato, Samaranch soube explorar o lado comercial e publicitário do esporte, inaugurando uma nova era da entidade.

1984, Olimpíadas de Los Angeles | A candidatura única de Los Angeles evidenciou a perda de força do COI, que foi forçado a aceitar o não comprometimento do poder público na organização do evento. Organizadas pelo capital corporativo, que conseguiu um lucro de US$ 250 milhões, através de um inovador programa de marketing, as Olimpíadas de 1984 ficaram conhecidas como os Jogos Capitalistas.

1996, Olímpiadas de Atlanta | A captação de recursos para a realização dos Jogos Olímpicos, através da venda de espaços publicitários em vias públicas, não agradou nem aos parceiros do COI nem à imprensa, provocando desvalorização da marca olímpica. Tal situação acarretou profundas mudanças nas regras do COI, em sua relação com as cidades-sede.

1988 | João Havelange renuncia à presidência da Fifa. É eleito o suíço Joseph "Sepp" Blatter, no poder desde então.

1992, Olimpíadas de Barcelona | Graças às profundas intervenções urbanísticas na capital catalã, apontadas como responsáveis pela notável renovação turística da cidade, criou-se a ideia de que um megaevento esportivo poderia ser um eficiente catalisador de transformações urbanas.

1998, Copa do Mundo da Fifa – França | A década é marcada pelo auge da profissionalização dos atletas, culminando num mercado internacional de "superjogadores", hiper-remunerados e fortemente vinculados a campanhas publicitárias. A exploração em excesso da imagem chega a ser apontada como causa do colapso que afetou o jogador Ronaldo horas antes da final, quando o Brasil amargou uma derrota de 3 x 0.

2001-2013 | Em meio a um expressivo aumento nas denúncias de corrupção e casos de *dopping*, o médico belga Jacques Rogge sucede Samaranch na presidência do COI. Seu mandato ficou marcado pela preferência em eleger países menos desenvolvidos para a recepção dos Jogos Olímpicos.

2002, Olimpíadas de Inverno de Salt Lake City | Um grave escândalo de corrupção denunciou a distribuição de presentes e dinheiro para funcionários do COI em troca de votos para a eleição da cidade estadunidense. O episódio chegou a ser classificado por Samaranch como o pior visto dentro do COI e motivou uma reestruturação nas regras para a escolha das cidades-sede.

2004, Olimpíadas de Atenas | Consideradas o maior prejuízo econômico da história das Olimpíadas, as dívidas deixadas em Atenas contribuíram sensivelmente para o colapso grego de 2010.

92 | Brasil em jogo

2007, Jogos Pan-Americanos do Rio de Janeiro | O projeto Rio 2007 foi elaborado para servir como base de sustentação para a candidatura da cidade aos Jogos Olímpicos de 2012 e já concentrava a maior parte de seus equipamentos na Barra da Tijuca, alvo de grande interesse do capital imobiliário. Sua implementação custou dez vezes mais que o orçamento original.

2008, Olimpíadas de Pequim | Com investimentos megalomaníacos, a China se firma perante o mundo como potência industrial. Mas rapidamente evidenciaram-se os ociosos elefantes brancos deixados pela cidade. Aclamado durante os Jogos, o icônico Ninho de Pássaro ainda corre o risco de ser demolido.

2011 | Havelange deixa o COI por motivos de saúde, interrompendo a realização de uma comissão de ética para investigar ocorrência de propina envolvendo a ISL (ele seguiu como presidente honorário da Fifa até 2013). No mesmo ano, o jornalista investigativo Andrew Jennings participa de audiência pública na Comissão de Educação, Esporte e Cultura, em Brasília.

2012, Olimpíadas de Londres | Com um histórico significativo de revindicações populares e intervenções urbanas, Londres ergueu um grande parque público e firmou um acordo de que a maioria dos equipamentos olímpicos fosse desmontada para receber em seu lugar habitação, comércio e serviços, com cota de 35% para habitação social subsidiada.

2012 | Em janeiro, José Maria Marin embolsa medalha que seria entregue durante a premiação da Copa São Paulo de Futebol Junior. O ato foi flagrado pelas câmeras da Band e exibido ao vivo, em rede nacional. Em março, Ricardo Teixeira renuncia à presidência da CBF, assumida por José Maria Marin.

2013 | O alemão Thomas Bach assume a presidência do COI, dando continuidade às propostas de seu antecessor, embora seu discurso de posse sugira propostas de mudanças no processo de candidatura para as cidades-sede. Seu mandato deve durar até 2017.

Sobre os autores

Andrew Jennings, premiado jornalista investigativo escocês, é autor de *Jogo sujo, o mundo secreto da Fifa* (Panda Books, 2011), entre outros. Até hoje é o único repórter no mundo banido das coletivas de imprensa da Fifa.

Antonio Lassance é doutor em ciência política pela Universidade de Brasília, técnico de planejamento de pesquisa do Instituto de Pesquisa Econômica Aplicada (Ipea) e torcedor da seleção brasileira de futebol. É coorganizador de *Federalismo à brasileira* (Ipea, 2013) e coautor de *Tecnologias sociais e políticas públicas* (Fundação Banco do Brasil, 2005), entre outros.

Carlos Vainer é professor titular do Instituto de Pesquisa e Planejamento Urbano e Regional da Universidade Federal do Rio de Janeiro (Ippur-UFRJ) e coordenador da Rede de Observatórios de Conflitos Urbanos e do Núcleo Experimental de Planejamento Conflitual. É coorganizador de *Grandes projetos urbanos metropolitanos* (Letra Capital, 2012) e de *A cidade do pensamento único* (Vozes, 2000), entre outros.

Ermínia Maricato, professora do curso de pós-graduação da Faculdade de Arquitetura e Urbanismo da Universidade de São Paulo (FAUUSP) e professora visitante do Instituto de Economia da Unicamp, formulou a proposta do Ministério das Cidades, onde foi ministra adjunta (2003-2005). É autora de *O impasse da política urbana no Brasil* (Vozes, 2011) e coorganizadora de *A cidade do pensamento único* (Vozes, 2000), entre outros.

Gilberto Maringoni é doutor em história social pela FFLCH-USP e professor de relações internacionais na Universidade Federal do ABC. É autor, entre outros, de *Angelo Agostini: a imprensa ilustrada da Corte à Capital Federal* (Devir, 2011).

João Sette Whitaker Ferreira é professor livre-docente da Faculdade de Arquitetura e Urbanismo da Universidade de São Paulo e coordenador do Laboratório de Habitação e Assentamentos Humanos (LabHab) da mesma instituição.

Jorge Luiz Souto Maior é jurista e professor livre-docente da Faculdade de Direito da Universidade de São Paulo (USP). Autor de *Relação de emprego e direito do trabalho* (LTr, 2007) e *O direito do trabalho como instrumento de justiça social* (LTr, 2000), é também colunista do Blog da Boitempo.

José Sergio Leite Lopes é antropólogo, professor titular do Departamento de Antropologia do Museu Nacional da UFRJ e diretor do Colégio Brasileiro de Altos Estudos da UFRJ. Concluiu o pós-doutorado na École des Hautes Études en Sciences Sociales de Paris e atua nas áreas de antropologia urbana e antropologia do esporte.

Juca Kfouri é formado em ciências sociais pela USP, colunista da *Folha de S.Paulo* e apresentador na rede CBN de rádio e no canal televisivo ESPN-Brasil. Com extensa carreira no jornalismo esportivo, foi diretor das revistas *Placar* e comentarista esportivo do SBT, da Rede Globo e da TV Cultura.

Luis Fernandes é secretário executivo do Ministério do Esporte e coordenador dos Grupos Executivos do Governo Brasileiro para a Copa do Mundo de 2014 e para os Jogos Olímpicos e Paraolímpicos de 2016.

Movimento dos Trabalhadores Sem-Teto é uma organização autônoma fundada em 1997 pelo Movimento dos Trabalhadores Rurais Sem-Terra (MST). Atua nos centros urbanos pelo direito à moradia digna e contra a especulação imobiliária.

Nelma Gusmão de Oliveira é doutora em Planejamento Urbano e Regional pelo Ippur/UFRJ, professora adjunta da Universidade Estadual do Sudoeste da Bahia e pesquisadora associada ao Laboratório Estado Trabalho Território e Natureza do Ippur/UFRJ.

Raquel Rolnik, arquiteta e urbanista, é professora da FAUUSP. Foi relatora especial do Conselho de Direitos Humanos da ONU para o direito à moradia adequada (2008-2014). Autora de *A cidade e a lei* (Fapesp/Studio Nobel, 1997) e *O que é cidade* (Brasiliense, 1988), entre outros.

Outros livros da Boitempo para ler em junho de 2014

*Cidades rebeldes: Passe Livre e as manifestações
que tomaram as ruas do Brasil*
Vários autores
Coleção Tinta Vermelha

Occupy: movimentos de protesto que tomaram as ruas
Vários autores
Coleção Tinta Vermelha

Violência: seis reflexões laterais
Slavoj Žižek

Intérpretes do Brasil: clássicos rebeldes e renegados
Lincoln Secco e **Luiz Bernardo Pericás** (orgs.)

*O novo tempo do mundo e outros estudos
sobre a era da emergência*
Paulo Arantes
Coleção Estado de Sítio

Ditadura: o que resta da transição
Milton Pinheiro (org.)
Coleção Estado de Sítio

As lutas de classes na França
Karl Marx

Publicado em junho de 2014, um ano após as manifestações populares que tomaram as ruas do Brasil, este livro foi composto em Bauer Bodoni, 10,5/13, e impresso em papel Norbrite 66,6 g/m² na gráfica Corprint, para a Boitempo Editorial, com tiragem de 10.000 exemplares.